Philipp Federer

Głupi i burżuazyjny

Philipp Federer

# Głupi i burżuazyjny

## Pisma polityczno-teologiczne

Wydawnictwo Bezkresy Wiedzy

**Imprint**
Any brand names and product names mentioned in this book are subject to trademark, brand or patent protection and are trademarks or registered trademarks of their respective holders. The use of brand names, product names, common names, trade names, product descriptions etc. even without a particular marking in this work is in no way to be construed to mean that such names may be regarded as unrestricted in respect of trademark and brand protection legislation and could thus be used by anyone.

Cover image: www.ingimage.com

Publisher:
Wydawnictwo Bezkresy Wiedzy
is a trademark of
International Book Market Service Ltd., member of OmniScriptum Publishing Group
17 Meldrum Street, Beau Bassin 71504, Mauritius

Printed at: see last page
**ISBN: 978-620-2-44839-0**

Drogi czytelniku,

książka, którą posiadasz, została pierwotnie wydana pod tytułem "Dumm und Bürgerlich", ISBN 978-620-2-44067-7.

Jego publikacja w języku polskim jest możliwa dzięki zastosowaniu najbardziej zaawansowanej sztucznej inteligencji dla języków.

Technologia ta, uhonorowana pierwszą w historii Honorową Nagrodą Sztucznej Inteligencji w Berlinie we wrześniu 2019 r., naśladuje sposób działania ludzkiego mózgu, dzięki czemu jest w stanie uchwycić i przetłumaczyć nawet najmniejsze niuanse w bezprecedensowy sposób.

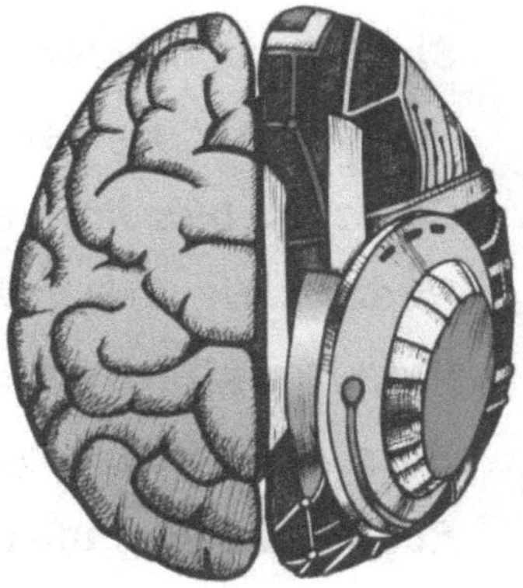

Mamy nadzieję, że znajdą Państwo wiele satysfakcji z tej książki i uprzejmie prosimy o uwzględnienie wszelkich rozbieżności językowych, które mogłyby wyniknąć z tego procesu.

Miłego czytania!

Wydawnictwo Bezkresy Wiedzy

## Spis treści

## Przedmowa do Głupiej i Mieszczańskiej

## Pisma polityczno-teologiczne

Bez Valerii Spoiala ta książka nigdy nie zostałaby wydana. Wytrwale okazywała zainteresowanie moimi tekstami i publikacją książkową, nawet gdy nie odpowiedziałam na pierwszą prośbę. Nawet po kolejnym zapytaniu odwołałem je z tego powodu, że moje teksty były zbyt polityczne jak na wydawcę religijnego. Wtedy zacząłem myśleć. Po moim tomie "Säuhäfeli - Säudeckeli", opowieściach o filcach imprezowych, zazdrości i intrygach, zaplanowałem drugi tom o podobnej strukturze. Mój pogląd na społeczeństwo i politykę zawsze był teologiczny, ale tylko mniejsza część z prawie 100 tekstów ma bezpośrednie odniesienie religijne lub teologiczne. Po przejrzeniu moich tekstów i po zapoznaniu się z programem wydawniczym, zacząłem się zastanawiać i porównywać. Na broszurę moje teksty są bardzo dobre. Teraz sam skontaktowałem się z wydawcą i zmieniłem swoją pierwotną odmowę.

Niniejszy tom zawiera wkład polityczno-teologiczny. Krytyczne spojrzenie na społeczeństwo, które, jak w pierwszym tomie, woli tłumić prawdę. Lubię złośliwie wydobyć to stłumione i zaprzeczone. Już w przypadku książki Säuhäfeli było to dla mnie wielkim zmartwieniem. Lubię też opierać się na zasadach, zasadach prawnych. Jaki jest pożytek z nich dla nas, jeśli je propagujemy, ale nie zwracamy na nie uwagi, a nawet depczemy je pod stopami.

Najpóźniej od czasu Donalda Trumpa, głupota została przebrana za alter-atywne fakty. Głupota nie testuje, ale interpretuje według własnych interesów, nie chwytając radykalnego przesłania Jezusa. Teksty biblijne nie są nijakie, choć wielu tak twierdzi.

Ktokolwiek przebije powierzchnię, odkrywa zdumiewający i prowokujący. Religia nie jest nudna. Nuda to tylko burżuazyjne przywileje. Piszę, by zaprotestować przeciwko burżuazyjnym uprzedzeniom. Nie wydaje mi się, żeby ludzie byli głupi. Wręcz przeciwnie. Ale wielu z nich interesuje się bezkrytycznymi obywatelami i własną niedojrzałością. Nie lubię obywatela - oświeconego obywatela - ale nie lubię "födli-börgera" ani burżuazji.

Poszczególne artykuły w tym tomie pochodzą z różnych obszarów społeczeństwa. Niektóre odnoszą się do szkoły, niektóre do przekazów reklamowych, niektóre do doświadczeń rodzinnych, a niektóre do dzieł literackich. Opublikowałem kilka tekstów jako felietonista w imieniu Kościoła katolickiego w Lucernie. Różni autorzy na przemian pisali cotygodniowy komentarz do strony głównej kościoła. Kiedy starsze artykuły zostały usunięte, zapytałem, dlaczego nie były przechowywane w archiwum. Osoba odpowiedzialna za komunikację obiecała, że zostanie ona powołana w następnej kolejności. Funkcja archiwum nigdy nie przyszła. Wręcz przeciwnie, większość felietonistów przestała pisać. Cotygodniowy komentarz jest dziś usunięty. Cholera! Ale z tym dzisiejszym tomem wracają i są ocaleni od zapomnienia. Jestem naprawdę zadowolony.

Życzę czytelnikom wiele, od świętego "złoszczenia się" do realizacji, efektu aha i wielu uśmiechniętych chwil.

Lucerna, październik 2017 r.

Filip Federer

## Uprawianie fikcyjnych problemów

Pierwsza publikacja na temat zentral+ i provinzgefluester.ch 22.8.2013

**Chusty i lekcje pływania - gwarancja politycznego oburzenia! W tym roku motyw chusty został stylizowany na motyw narodowy na początku lipca. Od czasu, gdy Sąd Federalny skrytykował gminę w kantonie Thurgau, polityczne eskadry wyzysku roją się od dawna.**

Sąd federalny skrytykował gminę, która wydała zakaz noszenia chust, ponieważ nie ma dla niej podstawy prawnej. SVP-Thurgau została oburzona przez Sąd Federalny - ponieważ SVP z reguły lubi gwizdać w Sądzie Federalnym - i natychmiast ogłosiła inicjatywę dotyczącą zakazu noszenia chust. Dziennikarze przeprowadzili wywiady z wieloma ekspertami, zarówno potwierdzając, jak i odrzucając zakaz noszenia chust. Chusta zapala całą gamę liberalizmu, libertarianizmu, konserwatyzmu SVP i wyzwolenia kobiet. W dniu 11.8.2013 r. SonntagsZeitung poinformował, że KPWiW narzuca obecnie takie zakazy

Szkoły. Według Sekretariatu Generalnego, w różnych kantonach, w tym w Aargau, Lucernie i dwóch Bazylei, zdecydowano o postępach. Według przewodniczącego CVP Christopha Darbellay'a, podstawa prawna we wszystkich kantonach jest ważna dla zakazu noszenia chusty. Ale jaka jest sytuacja w szkołach? Czy nie jest to kolejny fikcyjny problem, który jest kultywowany i wykorzystywany politycznie?

**Chusta w szkole nie jest problemem z ubraniem.**

Pisarz uczy w miejskiej szkole średniej. W ciągu 24 lat doświadczył ponad 1600 uczennic. Tylko dwóch z tych studentów nosiło chustę. Liczba per mililowa stawia w perspektywie oburzenie niektórych partii politycznych. Obydwaj noszący chusty również byli przyzwoici i nie dawali powodów do krytyki. Jak te bez szalików? Przedstawia to częściowo inny obraz pod względem ilościowym i mentalnym. W zależności od mody, na przykład, na koszulkach były już obecne bolesne powiedzenia. Albo pamiętam uczennicę (z innej szkoły), którą musiałem odesłać do domu, bo mocno śmierdziała szczynami. Zauważyłem to przed zajęciami. W porozumieniu z wychowawczynią odesłałam uczennicę do domu, aby się przebrała, dla niej i dla naszej ochrony. Zjawisko, którego doświadczam kilka razy w roku w odniesieniu do odzieży, a które znacznie obciąża lekcje, jest następujące. Niektórzy nastolatkowie z zimowymi puchowymi kurtkami niechętnie zdejmują je w klasie. Nawet jeśli temperatura w klasie przekracza 22 stopnie, noszą oni takie same ubrania wewnątrz i na zewnątrz. Jeśli im pozwolisz, wciągną się w kurtki. Język ciała jest zawsze taki, zostaw mnie w spokoju, nie chcę mieć nic wspólnego z tobą ani z klasą. Taką postawę przyjmuję co roku w co najmniej jednej klasie i zazwyczaj w tej samej grupie za grosze. Ta demarkacyjna postawa z puchowymi kurtkami spowodowała już kilka walk o władzę, ponieważ nie przyjmuję ich w mojej dobrze ogrzanej klasie. Ku mojemu zdumieniu musiałem stwierdzić, że niektórzy nauczyciele, głównie kobiety, nawet to tolerują. Jeszcze częściej, ale mniej poważne są czapki chłopców. W zależności od kultury nauczania, mogą być one wykorzystywane do prowokowania, zabawy i wyznaczania granic. A potem jest to. Piękna chusta jest bardziej estetyczna niż kalesony z niskoprofilowanych spodni.

## Absurdalna dyskusja na temat lekcji pływania

Dyskusje polityczne o lekcjach pływania są jeszcze bardziej absurdalne. Ta sama szkoła ma tygodniową lekcję pływania w planie lekcji dla szkoły wyższej. W ciągu 24 lat znałem studenta, który otrzymał zwolnienie z powodów religijnych i medycznych. Zatwierdzenie wniosku uważam za niefortunne, ale niepoważne.

Jednak wielu "chorych" ludzi i cotygodniowe menstruacje uczennic są poważne. Jeśli nauczyciele pozwolą tym młodym ludziom bawić się na komputerze w bibliotece medialnej, to wielu z nich będzie nieobecnych na lekcjach pływania co tydzień w każdej klasie. Jeśli instruktor pływania żąda obecności z ubraniem na hali pływackiej, to prawie nikogo lub naprawdę tylko tych, którzy są naprawdę niepełnosprawni, brakuje. Samo oglądanie lekcji pływania nie jest wcale atrakcyjne. Z drugiej strony, szczypanie lekcji i granie w bibliotece medialnej tak. Problemy polityczne partii i gazet burżuazyjnych zostały omówione bardziej szczegółowo w następujących punktach

Jedyną kwestią jest pedagogiczna kultura przywództwa nauczyciela.

**Wniosek: To, co się kipi od partii i mediów, jest przerażające.**

Ich świadomość problemu ma tendencję do zera. Prawdziwe problemy nie są religijne. Przede wszystkim nie są one spowodowane przez islam i brak woli religijnej do integracji. Powyższe przykłady rozgraniczenia strojem i problemy z pływaniem w szkole, o których tu mowa, wskazują na zupełnie inne czynniki. Postawa" młodych ludzi jest często drogą najmniejszego oporu. Tutaj często brakuje woli integracji zepsutych i prowokujących dzieci. Jeśli nauczyciel nie ma kultury przywódczej, sala szkolna staje się sklepem samoobsługowym, nawet bez jednej dyspensy. Kiedy niektóre partie w końcu przestaną kultywować iluzoryczne problemy i jak długo media mogą być z nimi zerwane?

# Wolny od wyznań - błędy wśród zreformowanych

**Reformierte Kirche**
Kanton Zug

Kirche mit Zukunft

**Credo – Ich glaube.**
**Aber, was glaube ich, wenn ich denn glaube?**

Ja, das ist die Frage! Die Frage über die die gesamte reformierte Schweiz diskutieren soll. Zu diesem Zweck wurde vom Schweizerischen Evangelischen Kirchenbund ein „Werkbuch Bekenntnis" lanciert.

Ein Bekenntnis – auch Credo genannt – ist eine Zusammenfassung dessen, was die Mitglieder einer Kirche glauben. Viele Kirchen haben ein verbindliches Credo, das sie z.B. im Gottesdienst gemeinsam sprechen. Nicht so wir Schweizer Reformierte; seit der Mitte des 19. Jahrhunderts haben wir kein verbindliches Bekenntnis mehr. Damals hatte die liberale Pfarrerschaft die Bekenntnispflicht als Eingriff in die Freiheit des Einzelnen angesehen. Dennoch sind wir Schweizer Reformierte nicht bekenntnislos, sondern bekenntnisfrei.

Byłem całkiem zaskoczony. Reformed opublikował tę broszurę i wprowadził credo modułu, jak sądzę. Zgodnie z ulotką reklamową, liberalni duchowni odrzucili obowiązek spowiedzi jako ingerencję w wolność jednostki. "Mimo to, my, Szwajcarzy zreformowani, nie jesteśmy bez religii, ale raczej bez wyznania. Jaka ma być różnica między bezwyznaniową a bezwyznaniową, pozostała dla mnie tajemnicą. Liberalne świętowanie bezwyznaniowości nie jest dla mnie postawą.

Wcześnie poznałem Kościół Wyznający. Kościół wyznający spowiedź przeciwko roszczeniom całości i ich aktywny antyfaszystowski opór wywarły na mnie wrażenie. Bonhoeffer i Niemöller byli ich najbardziej znanymi członkami, ale także...

Niektóre z nich poznałem i z ocalałym członkiem mogłem nawet częściej spożywać wspólne posiłki.

Członkowie Kościoła Wyznającego identyfikowali się na podstawie swojej karty członkowskiej:

"Kościół Wyznający jest zjednoczeniem wszystkich tych, którzy zgodnie z interpretacją wyznań reformacyjnych, uznają Pismo Święte Starego i Nowego Testamentu za jedyną podstawę Kościoła i jego proklamacji.

"Są oni zaangażowani w zdecydowaną walkę z wszelkim fałszowaniem Ewangelii oraz z wszelkim użyciem przemocy i przymusu moralnego w Kościele.

Sprzeciwiali się oni aryjskiemu ustępowi i odrzucali wszelkie roszczenia państwa do całości i zawłaszczanie Ewangelii dla nieistotnych celów politycznych. Zadeklarowali oni swoje poparcie dla deklaracji barmańskiej i odrzucili ataki państwa na kościół i jego niemieckochrześcijańskie kościoły regionalne, które zostały do niego dostosowane.

Dewizą Kościoła Wyznającego nie była bezwyznaniowość, ale konfesjonalizm.

Nie było to też ich motto bez przyznania się do winy, ale raczej przyznanie się do winy wbrew panującym warunkom.

Dla mnie rozróżnienie między konfesjonalizmem a brakiem konfesjonalizmu jest jak bezradne rozróżnienie między oszustwami podatkowymi a uchylaniem się od płacenia podatków w celu zachowania tajemnicy bankowej. To niejasne rozróżnienie jest prawdopodobnie powodem usunięcia ze stron internetowych dobry rok temu. Nowością jest mini-malistyczne wyznanie wiary jako zasada przewodnia. Federacja SzwajcarskichKościołów Protestanckich wymienia 21 Wyznań Reformowanych i wystawia je do dyskusji. Są to wreszcie nowe tony w liberalnym, obojętnym i "obarczonym odpowiedzialnością" społeczeństwie. Kościoły powinny uważać na fałszywą liberalność.

## Jezus był komunistą

**Dla upamiętnienia zamordowania biskupa Romero, Kościół Katolicki miasta Lucerny zaprosił młodych polityków do dyskusji panelowej. Uczestnicy dyskutowali, jaką rolę powinien i może odegrać Kościół w polityce. Sebastian Dissler z Jusos powiedział: "Jezus prawdopodobnie byłby dziś socjaldemokratą". Jego odpowiedź jest interesująca, ale nie spełnia oczekiwań. Przeciwstawiam mu się twierdzeniu, że Jezus był komunistą.**

Co przemawia za twierdzeniem, że Jezus jest dziś socjaldemokratą? Dzięki opcji dla biednych Kościół latynoamerykański świadomie stanął w obronie pokrzywdzonych. Istnieje tu paralela z socjaldemokracją, która bardziej zajmuje się wykorzystywanymi i uciskanymi niż bogatymi i kapitałem. Ale krytyka Jezusa wobec systemu rządzącego była nie tylko emocjonalną stronniczością dla słabych, ale krytykowała niesprawiedliwy system rządzący jako całość. Sam Sebi wie, że wielu socjaldemokratów nie potrafi sprostać tej podstawowej postawie, czy to w wojsku, gospodarce, czy innych kwestiach.

Jezus był komunistą. Odrzucił zarówno potęgę militarną Rzymian, jak i potęgę ideologiczną i ekonomiczną królów, a także potęgę religijną wysokich kapłanów. Ustanowił system współdzielenia zamiast systemu kupowania, ponieważ wartość użytkową postawił powyżej wartości wymiany. Głosił królestwo Boże, że równość ludzi propaganda. Czy to Grek, Żyd, Rzymianin, niewolnik, kobieta - wszyscy są równi przed Bogiem i w ten sposób propagował całkowitą rewaloryzację. I zgodnie z przypowieścią o winnicy, każdy, czy może pracować tylko jedną godzinę, czy cały dzień, powinien otrzymać pełne dzienne wynagrodzenie. Dochód powinien być wystarczający do zapewnienia wszystkim środków do życia. Jego przesłanie wywołało niewolnicze bunty, pierwotny ruch komunistyczny, a następnie doprowadziło do podziemnego kościoła, zanim "chrześcijanie" zostali następnie zawłaszczeni przez państwo.

Jezus był prawdziwym komunistą, nie stosującym przemocy, ale nie socjaldemokratą. Nie powiedziałem jeszcze nic o instrukcji działania, o drodze (jak?) do odwrotnych warunków i do Królestwa Bożego. To tylko mówi coś o jego postawie i orientacji. Odrębny i szczegółowy artykuł byłby niezbędny do określenia "jak".

## Religijny szał samochodowy - pożądany przez państwo i wspierany przez reklamę!

Niebiański pojazd od BMW

W Seetal i innych miejscach nieletni ścigają się z kradzionymi samochodami. Wyścigi odbywają się w nocy i zakończyły się już śmiertelnie. Relacje między młodymi ludźmi a samochodami mają dla niektórych wymiar religijny. Pełna koncentracja, oddanie i uwielbienie jest dla szybkich samochodów. Młodzież ma zdolność do pełnego zaangażowania się w coś. Jednak ich samoocena jest często przeceniana, a świadomość zagrożeń słabo rozwinięta. Doświadczają mrowienia zakazanego, stanu odurzenia i iluzorycznego uczucia mocy, kiedy "opanowują" szybką maszynę.

Reklama samochodowa coraz bardziej bezczelnie wykorzystuje tę młodzieńczą słabość, posługując się językiem religijnym i motywami religijnymi. Szczególnie negatywnym przykładem jest reklama Fiata Punto. Samochód przejeżdża przez szyby trzy razy. Jedna szyba jest oznaczona jako "Zweifel?" Dla dealera Fiata nie ma żadnych ograniczeń przyzwoitości w tej reklamie. Wiadomość jest jasna:

Na drogach nie ma żadnych przeszkód i nie może być żadnych wątpliwości. W przeciwnym razie najlepiej przez nie przejechać, co sam szef Fiata pokazał opinii publicznej.

W reklamie rozbrzmiewa nawiedzający i medytacyjny głos: "Zamknij oczy! Wejdź do środka i słuchaj swojego serca! Wtedy odkryjesz, że bariery... "Z pseudo-religijnym językiem, młodzi ludzie są proszeni o ignorowanie przeszkód i nie dopuszczanie do wątpliwości.

Oprócz pięciu ukrytych rozkazów wydawane są dwie obietnice zbawienia. Mówca obiecuje właścicielowi samochodu "bezgraniczną wolność", czyli raj na ziemi. Bariery powinny istnieć tylko w naszych umysłach. Nie trzeba brać tego pod uwagę, ponieważ nie jest to konieczne. W tym miejscu również nie jest to konieczne, ponieważ nie ma tu pieszych, innych kierowców ani bawiących się dzieci. "Grande punto" to bezgraniczna wolność - i bezgraniczna głupota.

Co robią politycy? W kantonie Lucerny na program aglomeracyjny przeznaczone zostanie 3300 milionów. Jest to tylko jeden z około 18 programów ruchu drogowego w Szwajcarii. Na budowę dróg ponownie zostaną poniesione największe wydatki finansowe, a mianowicie 75%. Politycy obywatelscy nadal preferują indywidualną, zmotoryzowaną swobodę przemieszczania się.

Z teologicznego punktu widzenia idolatria samochodowa jest w pełnym rozkwicie. Młodzi ludzie czczą to, co pokazują im dorośli. Reklama samochodowa - nie tylko Fiata - polega na przyciągnięciu jak największej liczby nowych klientów i uwielbieniu dla Twojego produktu. I zamiast stać w obronie wspólnego dobra, politycy niestety promują egoistyczne bałwochwalstwo wokół samochodu.

# Bracie Klausie. Buntowniczy czy mieszczański?

**Heiliger Bruder Klaus**
Einsiedler, Friedensstifter, Visionär

**Niklaus von Flüe** oder *Bruder Klaus*, wie wir heute sagen, wurde 1417 auf dem Flüeli bei Sachseln/Obwalden geboren. Er starb am 21. März 1487 im Ranft. Er war Ehemann, Asket, Einsiedler und Mystiker.

**Biografie**

**Deutung**
Gott wohnt im Innern der Menschen, im Herzen: Das Herz ist der Tabernakel. Das ist der Kern der Vision. Drinnen, im Herzen, ist Gott zu finden, hier ist die Quelle des Lebens, des Lichtes, des Friedens und der Freude. Das Wasser aus dem Brunnen, drinnen im Haus, drinnen im Herzen, ist die Gnade Gottes, die Leben gibt – Gabe Gottes, Geschenk Gottes. Wenn dieses nun – man bedenke, es ist ein Bild –, aus dreierlei besteht, nämlich aus Wein, Öl und Honig, so könnte man meinen, dies beziehe sich auf die Dreifaltigkeit Gottes:
**Wein** = Vater, Schöpfer;
**Öl** = Sohn, der Gesalbte = Christus;
**Honig** = Heiliger Geist, Liebe.
Dies kann so gedeutet werden, ist jedoch nicht zwingend.
Näherliegend zu sein scheint der Pfingsthymnus «Veni, Creator Spiritus».
In der zweiten Strophe der **Geist Gottes** ein «**lebendiger Brunnen**» (**fons vivus**) genannt wird und daran anschliessend
«**Feuer**» **ignis** = **Wein**,
«**Liebe**» **caritas** = **Honig** und
«**Seelensalbung**» **spiritalis unctio** = **Öl**.

W 2017 roku Szwajcaria będzie obchodzić 600-lecie brata Klausa. Na tę rocznicę katoliccy nauczyciele religijni wysłali 17-stronicową pracę na 4 lekcje. Przyglądając się sugestiom nauczycielskim, kilka razy "marudziłem". Dlaczego?

## Wyjaśnienie

- Cała jednostka lekcyjna odbywa się w duchu "transfiguracji".
- Okoliczności społeczne są po prostu ignorowane.
- Nie ma nic na temat wojny i biegu ryżu.
- Nic nie stoi na przeszkodzie, by brat Klaus był zmęczony biurem.
- Nic nie stoi na przeszkodzie, aby zdystansowany kościół lub sprzedaż odpustów.
- Nic o ubóstwie społecznym, o powściągliwym i chciwym świecie i przywódcach kościelnych.
- Nic z ruchów religijnych w jego czasach.

**Brakuje historycznego**

- Brat Klaus był zniszczony przez wojsko, brał udział w wojnach w latach 1440-1444, np. w starej wojnie z Zurychu, która kosztowała życie tysięcy żołnierzy. Niklaus jest więc świadkiem wielkiej brutalności.
- Był zmęczony polityką, którą finansował ryż - np. 58% dochodów państwa w Lucernie i 73% w Solothurn.
- Niepokoiła go chciwość panów.
- Był częścią świeckiego ruchu, nowej i prostej pobożności. W centralnej Szwajcarii było 90 pustelni.
- Biedni ludzie zostali uchronieni od zbawienia przez Kościół i od dobrego i lepszego życia przez światowych panów.

**Allegoryczny zamiast historycznie krytyczny**

Jednym z głównych punktów programu nauczania brata Klausa jest interesująca wizja studni. Po tekście następuje interpretacja wizji.

Obfitość oleju, wina i miodu w fontannie jest alegorycznie interpretowana z Ojcem, Stwórcą i Duchem Świętym - "tak można to interpretować". Jako druga interpretacja, dokumenty zawierają symboliczną interpretację wina jako ognia, miodu jako miłości i oleju jako namaszczenia duszy. Interpretacja kodeksów społecznych nie zna żadnej!

**Dobra wizja jest buntownicza**

Wizja fontanny opiera się na wyraźnym kontraście pomiędzy ciężko pracującymi ludźmi, którzy jednak zawsze pozostają biedni, a przepełnioną fontanną ze specjalnymi przysmakami. O tym kontraście ciągle się wspomina.

Widział dużą liczbę ludzi, a brat Klaus zastanawiał się, że byli tak biedni pomimo ich ciężkiej pracy. I nawet kiedy wykonywali swoją pracę, byli potem tak samo biedni jak wcześniej.

Studnia zawierała wino, olej i miód. Trzy skarby w jego czasach. Skrzynka z fontanną była pełna rzęs, tak że nieustannie przelewała się. Chociaż był tam dla wszystkich, ludzie nie dostali nic z obfitości.

Wizja opisuje, dlaczego ludzie nie otrzymują nic w następujący sposób:

- Ktoś postawił ogrodzenie na środku placu. Przy szlabanie, ci ostatni odmówili przepuszczenia ludzi i zabrali im swoje grosze.
- Inny stał tam grożąco z knebelami, które żonglował. On też chciał grosza.
- Widział, jak gwizdali do nich gwiżdżący gwiżdżący gwiżdżący gwiżdżący gwiżdżący gwiżdżący grosz. Widział krawców i szewców oraz wszelkiego rodzaju rzemieślników, którzy chcieli dostać od nich grosze.
- Ostatnim powodem było bagno przed studnią.

Alegoryczna interpretacja nie może wyjaśnić ani ogrodzenia, ani podstępnego sposobu pchania grosza, ani ubóstwa ludzi. Bez kodeksów społecznych i bez historycznych realnych warunków nie może tego zrobić, a raczej wręcz je neguje. Układ sił był wyzyskujący, zwykli ludzie, zwykli ludzie głodowali. Jednak zgodnie z wizją, było ich wystarczająco dużo.

Brat Klaus przyszedł do studni w swojej wizji. Jak to? Przez drzwi tabernakulum wszedł do kuchni i do studni. Na bagnie szybko pociągnął za nogi i dał się ponieść. Chociaż w prawdziwym świecie, postawienie stóp w górę nie ma żadnego ciężaru ulgę, rozpoznał w swoim umyśle siłę i niezależność, które były niezbędne, by dobrze dotrzeć do wizjonera.

Oprócz prawdziwej krytyki panujących warunków, wizja studni zawiera w sobie siłę duchową. Człowiek może zrobić więcej, jeśli pozwoli się ponieść. Można by to nazwać łaską lub niezależnością. Wizja fontanny jest więc nie tylko przygnębiającą krytyką władzy, ale także pokazuje, jak zorganizowany jest świat i jak ludzie mogą dostać się do honeypotów, nawet do wina.

Brat Klaus jest często stylizowany na bezbarwnego świętego narodowego. To na pewno nie on.

Kluczyki:

Do gier wojennych: Michael Bangert w odlocie nr 228, 2017
O pustelnikach i mnichach leśnych: 041 - Pismo kulturalne nr 5, 2017 r.
O uwarunkowaniach historyczno-społecznych i symbolice ogrodzenia: Josef Lang w Neue Wege 5, 2017 r.
Koncepcja posłuszeństwa u brata Klausa: Kurt Seifert w Neue Wege 4, 2017 r.
Skróconą wersję wizji studni można znaleźć tutaj http://www.bruderklaus.com/?id=28.

## Dziadek i zakaz koszernego uboju

Mój dziadek był weterynarzem. Ćwiczył w Wolhusen i był również prysznicem z mięsem. Podczas kontroli mięsa sprawdzał, czy może być ono przetworzone i czy jest doskonałe. Co tydzień, zwykle w poniedziałek, zaplanowano kilka godzin pokazu mięsa. Za tę pracę państwo płaciło stałe opłaty, co było ważne dla weterynarza wiejskiego i górskiego (Romoos, Menzberg, Steinhuserberg) w najbiedniejszym niegdyś regionie Szwajcarii.

Wielu Żydów było kupcami, ponieważ nie wolno im było zajmować się handlem. Niektórzy byli też sprzedawcami bydła. Więc dziadek znał kilku żydowskich handlarzy bydłem. Kiedy Niemcy najechali Francję nie mogli już dokonywać uboju w Besanconie i Strasburgu. W związku z tym szukali sklepu mięsnego i pokazów mięsnych / weterynarza w Szwajcarii. W Wolhusen dostali szansę na rytualny ubój poprzez zrozumienie mojego dziadka i rzeźnika Bieri. Ale dziadek postawił jeden warunek. Był skłonny przejąć kontrolę nad mięsem tylko wtedy, gdy zwierzęta były znieczulone narkotykiem. Rabinowie z Genewy, Bazylei i Zurychu byli obecni i wypowiadali głośne modlitwy, których mój ojciec przestrzegał, chociaż było to zabronione dla nie-Żydów. Po zastrzyku zwierzę przewróciło się. Główny rabin wziął błyszczący srebrny długi nóż z aksamitnej walizki. Po precyzyjnym uderzeniu, głowa zwierzęcia natychmiast opadła do tyłu, a zwierzę wykrwawiło się na śmierć.

Pitting był oczywisty. Nie minął cały rok zanim policja interweniowała. Dla dziadka to było śnieżne cięcie. W okresie kryzysu najpierw straciła 95% swoich przychodów. Każda renowacja zadłużenia gospodarstwa została zrekompensowana przez państwo 5%. Pozostałe 95% zostało utracone. W latach 20-tych badanie krowy w Romoos kosztowało ks. 5,-, weterynarz miał tylko 25 rap-penów. Kolejna wojna została spieprzona dzięki aktywnej służbie i niewielkim zarobkom. A teraz odebrali mu licencję na pokaz mięsny na lata. Oznaczało to, że dochody gwarantowane nie miały już zastosowania.

Dwie rzeczy robią na mnie wrażenie. Dziadek zapewne wiedział, że prędzej czy później pokaz mięsa w publicznym sklepie mięsnym we wsi wybuchnie. Samochody były rzadkie. Dziadek przez długi czas nie miał żadnego i początkowo odwiedzał rolników na koniu. Więc kiedy obce bydlęce ciężarówki podjechały do sklepu mięsnego i Żydzi wyszli, ktoś mógł się łatwo zdenerwować.

Same władze były przerażone. Pomimo tego jasnego rokowania, zaakceptował tę prośbę. Nawet w czasie wojny wypełniał wymagane formularze dla War Economics Office.

Pitting nadal nie jest regulowany. Mimo, że pistolet bolcowy i szczypce elektryczne często zawodziły, to jednak tylko kawałek mięsa był zabroniony i zmarszczony. Większość rzeźników zna się na swoim fachu. W przypadku, gdy zwierzę jest zbyt niespokojne, cięcie nie jest wystarczająco precyzyjne i szybkie, dziadek zażądał profilaktycznego znieczulenia. Do dnia dzisiejszego nie znaleźliśmy jeszcze lepszego rozwiązania niż to, które praktykował dziadek!

Z Zurychskiego Studium Historii Prawnej, tom 42, Zakaz uboju koszernego w Szwajcarii, Pascal Krauthammer, biorę stronę 180f, społeczność żydowska Lucerny złożyła 11.12.1940 r. wniosek o ubój narkotykowy. W odpowiedzi, "Departament Wojskowo-Policyjny Kantonu Lucerna zapytał Federalny Departament Sprawiedliwości i Policji, czy wstyd z Narkonumalem jest zgodny z Konstytucją Federalną. Departament odpowiedział, że ubój z zastosowaniem środków odurzających nie jest sprzeczny z art. 25bis B.V., jeżeli samo ogłuszanie nie jest okrutne dla zwierząt i jest całkowite, a następnie pobranie krwi nie może być uznane za okrutne dla zwierząt.

Tak więc, poking z Narkonumalem był faktycznie konstytucyjny i dozwolony. "Na podstawie szeregu ekspertyz, które dostarczyła mu firma Hoffmann-La Roche, Bloch [obrońca w procesie, nota P. F.] udowodnił, że stosowanie środków odurzających skutkowało znieczuleniem zgodnie z wymogami Konstytucji Federalnej. W ten sposób 15 listopada 1940 r. Federalny Urząd Weterynaryjny poinformował również Szwajcarsko-Ceramikańską Federację Gmin Żydowskich o następujących kwestiach:

Jeżeli można wiarygodnie założyć, że nowa metoda prowadzi do prawdziwego oszołomienia, to jesteśmy zdania, że jest ona zgodna z przepisami B.V., jak również z przepisami B.V. Art. 25 bis B.V. nie określa sposobu, w jaki należy przeprowadzać ogłuszanie". "Z tych powodów wniosek Rady Miasta Lucerny nie został uwzględniony, a oskarżony został uniewinniony od zarzutu naruszenia zakazu koszernego uboju. Dlaczego nadal byli karani? "Oskarżeni, Schloss i Bieri, zostali ukarani po 20 franków za fałszywe deklarowanie mięsa jako jelita nie nadającego się do spożycia przez ludzi." Wniosek gminy żydowskiej w Lucernie został odrzucony pomimo jego zgodności z konstytucją federalną. Za tym kryły się lęki i awersje, rozprzestrzeniane przez dr Ungera. Zalecał, aby unikać uboju, "aby nie prowokować nienawiści do samych Żydów".

## Sulzigjoggali przed drzwiami naszego mieszkania

Codziennie przechodziłam obok zdjęcia Sulzigsjoggali. Na naszych schodach duży grawerunek wisiał w czarnej ramce. Kiedy wracałem do domu, spiesząc się po schodach, zdjęcie było tam. Sulzigjoggali zwięźle wisiało nad komodą. Po lewej stronie były drzwi wejściowe do naszego mieszkania i o jedno piętro wyżej mieszkała moja babcia i ciotka.

Jako uczeń szkoły podstawowej nie bardzo rozumiałem, dlaczego bigot wisi na naszych schodach. Dlaczego został powieszony i spalony? Wygląda nieszkodliwie, prawda? Zadałem mojemu ojcu te pytania. Opowiedział mi tę historię i kilka podstawowych informacji. Od tej pory wiedziałem, że na naszej klatce schodowej wisiał jakiś heretyk, który był nawet torturowany i mordowany. Dla władz i duchowieństwa był nie do zniesienia. Więc byłem nadęty.

Ojciec powiedział mi, że Sulzigjoggali miał wielu przeciwników, którzy się go bali. Zastanawiałem się, kto mógłby się na niego złościć. Kiedy zapytałam go, czy wszyscy w rodzinie to popierają, powiedział mi, żebym nie rozmawiała o tym z babcią w domu. Ciocia to rozumie, ale babcia nie. "Więc czy babcia nie sprzeciwiłaby się, żeby tu wisiał?" Zapytałem. Ojciec zapewnił mnie słowami, że nic nie wiedziała o tym obrazie i Sulzigjoggali. Więc poszłam za radą ojca i nigdy nie rozmawiałam z babcią o obrazie.

**Kim był Sulzigjoggali, który wisiał wyraźnie na naszym korytarzu?**

Jakob Schmidli, który pracował w małym gospodarstwie Sulzig, nazywał się Sulzigjoggali. Był dzieckiem biednych rodziców. Został wychowany jako "Verdingbub". Właściwie, to on był najpierw bednarzem. Kiedy zarabiał za mało, jeździł jako wagonista dla handlarzy winem. W ten sposób zetknął się z "zagranicznymi" poglądami religijnymi w Alzacji i za granicą. Jako żołnierz zapoznał się również z pismami pietystycznymi.

W 1732 r. kupił Bergheimet "Sulzig" nad Werthensteinem, który znajdował się w pobliżu Wolhusen. Ponieważ Heimetli nie poddawał się wystarczająco dużo, Schmidli musiał znów pracować jako wagonista. Nauczył się w Berni-znają Chrystusa Chrześcijan. Był pod wrażeniem nauczania o wolności dzieci Bożych, które prowadzą wolne życie niezależne od wszelkich zewnętrznych praw. Z takim nastawieniem był "niezależny" od państwa i duchownych. Chociaż on i jego zwolennicy uczestniczyli w życiu religijnym miejscowych parafii, gromadzili się do własnych refleksji. Pisma biblijne krążyły wśród wyznawców. W tamtych czasach na terenach katolickich było to zakazane. Każdy, kto czytał niemieckojęzyczną

Biblię, został potępiony jako niekleryk. Katoliccy duchowni mogli czytać niemieckie tłumaczenia Biblii z ograniczeniami. Na nabożeństwa kościelne przepisywano jednak łacińską Wulgę-ta Biblię.

Wszystko zaczęło się od donosu. Chirurg Fridolin Disler odwiedził księdza Wolhusa Moritza Benningera, aby przynieść mu złą plotkę. W Werthenstein trwało tajne spotkanie mężczyzn i kobiet. Katolicki ksiądz pośpieszył na dwór z dwoma świadkami i zaskoczył grupę prostych ludzi czytających pisma religijne. Ksiądz był przerażony. Zgłosił swoje odkrycie wysokim władzom w Lucernie.

Łaskawi panowie" z Miejskiej Republiki Lucerny powołali komisję śledczą. Informator, który sam od pewnego czasu sympatyzował z ruchem, przekazał listy nazwisk "lichych pietystów". Po tym nastąpiła fala aresztowań ponad 100 osób. W mieście Lucerna, lochy, wieże, a nawet stary szpital zostały wypełnione jako cela zatrzymań. Kolejny proces trwał osiem miesięcy. Głównym oskarżonym był Jakob Schmidli, którego jedynym przestępstwem było oddawanie czci Bogu na swój sposób i czytanie Pisma Świętego. Władze opisały go jako niebezpiecznego "fałszywych nauczycieli". Ataki przeciwko wierze katolickiej zostały przez nich uznane za niebezpieczne kwestionowanie porządku państwowego. Tym trudniej było torturować i osądzać. Do czasu, gdy oskarżony przyznał się do swojego przewinienia, przeprowadzono pięć przesłuchań i torturowano go. Oskarżenie oskarżyło go o następujące przestępstwa: Apostazja od wiary katolickiej, import i posiadanie antywierzących pism, rozpowszechnianie szkodliwych nauk, organizowanie zakazanych spotkań, korespondencja z ludźmi innych wyznań, udział w nabożeństwach zreformowanych, narażanie na niebezpieczeństwo duchowego zbawienia katolików i uwodzenie ludzi do buntu i buntu. Po wymuszonej spowiedzi Jakob Schmidli został stracony 27 maja 1747 roku za bramami miasta Lucerny w Galgenwäldli koło Emmenbrücke.

Oprócz tej egzekucji, jego zwolennicy byli wielokrotnie karani. 73 zostały wygnane z Konfederacji na zawsze. Ponadto, w ramach francuskiej służby, uciszyli oni trzech oskarżonych pomiędzy sześcioma a trzydziestoma latami służby kambuzowej. Co więcej, wszyscy oni musieli uroczyście wyrzec się swojej niewiary w Hofkirche. Dwie chore osoby zostały skazane na karę dożywotniego więzienia, a czterech oskarżonych uniewinniono z powodu braku dowodów.

Ciało Schmidli'ego zostało spalone po egzekucji przy użyciu zakazanych ksiąg. Wszystkie ślady heretyka powinny zostać zniszczone. Nawet dom mieszkalny i nieruchomość wraz z całym jego wyposażeniem zostały skremowane na terenie Sulzig. Dla przypomnienia, na Sulzig postawiono kolumnę wstydu. Na nim wyryto kamień "z powodu zakazanych spotkań i heretyckich nauk". Trzy tygodnie po egzekucji, Sobór odnowił zakaz kupowania, sprzedawania i czytania Biblii. Dziesięć lat później papież zezwolił świeckim po raz pierwszy na czytanie zatwierdzonych przez Kościół tłumaczeń Biblii w języku niemieckim.

**Addendum:** Obraz i jego wyjaśnienie przez ojca wpłynęły prawdopodobnie na mnie bardziej niż jestem tego świadomy. Do dziś czuję więź z heretykami. Obraz ten był wyrazem tolerancji religijnej oraz prawa do własnych rytuałów i poglądów, także dla i przez laików. Mimo konserwatywnych rodzin, postawa mojego ojca była bardzo liberalna, jeśli nie trochę buntownicza, choć był on katolikiem i w tym czasie członkiem partii "chrześcijańskiej".

# Politycy nadużywają Boga

**Matth 25,34 „Ich aber sage euch: Ihr sollt überhaupt nicht schwören".** ... und zwar weder beim Himmel, bei der Erde, bei Jerusalem noch beim eigenen Haupt.

Neonationalrat Peter Schilliger, FDP-Luzern schwört mit Inbrunst.

Bildschirmfotos und Bearbeitung Ph. F.

**Praca parlamentarna rozpoczyna się co cztery lata od zaprzysiężenia. Czyniąc to, burżuazyjni przysięgają na Boga, a przedstawiciele SP i Zielonych składają śluby. Jak dochodzi do tego ścisłego rozdzielenia i dlaczego burżuazyjni przysięgają, mimo że ich wiara zakazuje przysięgania?**

Następujące powody przemawiają za przysięgą burżuazyjnych polityków (CVP, EVP, BDP, FDP i SVP):

1. Wolą legitymizować swoją politykę za pomocą struktury władzy.
2. To nie dobro wspólne jest ich główną troską, ale ich własna propaganda "wyższych" wartości.

3. Nowe elementy są zintegrowane, a rzędy są zamknięte. Ciśnienie rówieśnicze działa.
4. Przysięgając, lewica jest marginalizowana jako profanaci i niehonorowi politycy.

Media grają razem z wykluczeniem. Na co wskazywała Ruth Dreyfuss, skoro nie wyciągnęła palców? Aha, ona jest Żydówką. A jak było z Simonettą Sommaruga? Media zamieniają je w nikczemne historie. A wyraz twarzy Sommarugi mówi wyraźnym językiem.

Interesujący liberałowie społeczni nie zaprzysięgli w parlamencie miejskim. Niestety wyginęły. W 2012 roku ponownie zamknęli rzędy, linia podziału 100%. A jeśli linia podziału zostanie złagodzona, to będzie to należało do socjaldemokratów w parlamencie krajowym. Przykład jest pokazany na zdjęciu.

Przez rok byłem członkiem synodu w kantonie Lucerny. W parlamencie kościoła narodowego większość ludzi nie przysięgała. Większość wiedziała, że biblijne "przeklinanie" jest nadużyciem imienia Boga. Jest na to wiele dowodów: Mat 5,33-37 / 2 Cor 1,17 Jam 5,12 / Księga Rodzaju 19,122/ Księga Rodzaju 23,22-24/ Psalmy 50,14 Isa 48,1/ Mat 23,16-23. Zamiast przeklinać tak powinno być tak i nie tak. Według Mateusza (23:16ff) wołam do nich: "Biada wam! Chcesz prowadzić innych i sam jesteś ślepy... ale co jest najważniejsze w jego prawie, sprawiedliwości, miłosierdziu i wierności, nie obchodzi cię to."

Sprzeciw PS: W mojej Biblii tytuł mówi: "Nie będziesz przeklinał fałszywie!" Więc to nie jest zakaz. Odpowiedź: Wszystkie tytuły nie są zawarte w oryginalnych tekstach greckich. Wspomniany tu tytuł został dodany później i jest sprzeczny z intencją tekstu. To czyni go wyraźnie ideologicznym.

## Etyka lub bicz liniowy

CVP świętuje swoje urodziny w Lucernie i zaprasza Heinera Geisslera jako głównego mówcę. Były sekretarz generalny CDU jest znany jako etyczny admonisher i przeciwnik przymusu frakcyjnego1 . Jego podstawą jest oświecone chrześcijaństwo, które ma być oddane sumieniu. Rzeczywistość jest już inna dla miasta CVP Lucerny. Chociaż obowiązek bycia członkiem partii parlamentarnej jest zakazany przez konstytucję, praktykują to w transakcjach A. Radni CVP skarżą się na to za zamkniętymi drzwiami w Radzie, prezesi partii szydzą z tego, jak na przykład "Czy to była kolejna umowa CVP-A? A jednak, frakcjonizm działa. Interesy przeważają nad indywidualnym sumieniem parlamentarzystów. Herr Geissler, pański chrześcijański idealizm jest szanowany. Rzeczywistość CVP jest już inna i bardziej przypomina narodową doktrynę SVP.

Sytuacja prawna jest jasna:

1. W Szwajcarii wolny mandat Rady Narodowej i Rady Państw jest gwarantowany przez Konstytucję. Tak zwany **"zakaz instruktażowy"** z art. 161 ust. 1 Konstytucji Federalnej stanowi, że parlamentarzyści głosują bez instrukcji. "Członkowie Zgromadzenia Federalnego głosują bez instrukcji."
2. Konstytucja kantonalna Lucerny reguluje to analogicznie, § 40, "Członkowie Rady Kantonalnej obradują i głosują bez instrukcji.
3. A regulamin wewnętrzny Rady Wielkiego Miasta stanowi, że mandaty są wolne. Art. 29 "Członkowie Rady głosują bez wiążących instrukcji, zgodnie z ich wolną decyzją.

**Addendum:**

[1] Heiner Geissler, What would Jesus say today, pages 110 and 135: "The ordinary citizen has no real idea of the way in which the free formation and expression of opinion of members of parliament is restricted and suppressed by the party leaders. Każdy, kto uważa coś innego niż to, co liderzy frakcji uważają za słuszne, a nawet tak mówi, staje się outsiderem, zboczeńcem, a w najgorszym razie nawet zdrajcą.

Przedstawiciele innych gmin (w tym Kriens) informują o ograniczeniach frakcyjnych w swojej społeczności. Chociaż dziennikarze Neue LZ wiedzieli o tym artykule, nigdy nie przeprowadzono dochodzenia w tej sprawie.

## Podżeganie do paniki z islamizacją

Inicjatywa minaretowa przepadła. Ustawa budowlana stała się inicjatywą przeciwko wszystkim muzułmanom. Plakat SVP właściwie już wskazywał kierunek, w którym powinniśmy iść, powstrzymać islamizację, powstrzymać burki - tak jakby to był problem. CVP okazał się nawet pomocny tematycznie dla SVP przy tej próbie profilowania (zakaz burki). Co zrobili przeciwnicy inicjatywy zakazu minaretowego? Opowiadali się oni za pokojem religijnym, np. z hasłem "Niebo jest wystarczająco duże dla kilku religii". To był ładny plakat, ale to była nudna propaganda tylko SVP. Nie przeciwstawialiśmy się roszczeniom wroga w ten sposób.

Widmo "islamizacji" nie zostało użyte po raz pierwszy. SVP działał z tą obawą już w 2004 roku. W kontekście ułatwionej naturalizacji, równoległa organizacja SVP Schlüer umieściła niezliczone reklamy z hasłem "Muzułmanie wkrótce w większości?

Pod hasłem "Islamizacja" zamieszczono kilka filmów na YouTube. Zostały one zaprojektowane przez drogie firmy PR i mają swoje korzenie w fundamentalistycznym chrześcijaństwie Busha. Obliczenia dotyczące nawożenia" są wykorzystywane do ekstrapolacji izla-mizacji świata zachodniego, co SVP-Schlüer z Flaach robi od 2004 roku. A poza tym, Schlüer i SVP odnieśli już sukces 26.9.04.

Jak oni postępują i jak manipulują?

1. Nieliczne i pojedyncze dane
2. Jednostronna ekstrapolacja
3. Ukrywanie praw matematycznych
4. Ukrywanie pozostałych kategorii
5. Budowanie nastroju poprzez pod-organizacje

**1. Nieliczne i pojedyncze dane**

Prawicowcy biorą indywidualne dane demograficzne za swoje konspiracje. Nie są one wymienione nominalnie, ale w procentach, co przesłania ilość. Konkretnie, tylko dwa dane (udział muzułmanów w Szwajcarii) zostały wykorzystane za lata 1990 i 2000, a mianowicie 2,2% i 4,5%. Druga liczba została zaokrąglona w górę z 4,26 do 4,5, ale to i tak nie ma znaczenia dla SVP. Prawie wszystko można powiedzieć o związku między tymi dwoma postaciami. I to jest dokładnie to, co SVP zrobił.

**2. Jednostronne ekstrapolacje**

4,5% to dwa razy więcej niż 2,2%. Postulują oni również podwojenie tego w ciągu 10 lat na przyszłość. Oznacza to 9% w roku 2010, 18% w roku 2020, 36% w roku 2030 i 72% w roku 2040. Tak więc muzułmanie są stylizowani jako przyszła większość, a dla niektórych jako zagrożenie. Reklama twierdzi: "Za dwadzieścia lat będą mieli większość". Wtedy będzie więcej muzułmanów niż chrześcijan."

**3. Ukrywanie praw matematycznych**

W roku 2050 ich rachunki pokazywałyby 144% muzułmanów, co statystycznie jest więcej niż bzdurą. Ale to jest utrzymywane w tajemnicy. Uwaga: Każdy statystyk wie, że podwajanie na małym poziomie jest szybko możliwe, ale nie więcej z dwucyfrowych wartości procentowych. Do manipulacji jest to jednak dla nich odpowiednie i słuszne.

**4. Ukrywanie innych kategorii**

Największy realny wzrost nie nastąpił wśród muzułmanów, ale wśród osób bez przynależności religijnej. Kategoria ta wzrosła o 568,2 tys. w ciągu ostatnich 20 lat. W tym samym okresie muzułmanie zwiększyli się o mniej niż połowę. Grupy bezwyznaniowe są większą grupą niż muzułmanie i również realnie rosną szybciej. Ta tendencja wyraźnie wyklucza rozwój w kierunku muzułmańskiej większości. Ale selektywny wybór danych przez SVP pozwala tego uniknąć.

**5. Propaganda poprzez pod-organizacje**

SVP zleca przerażenie wątpliwymi postaciami. Grube rzeczy zostawiają radnemu narodowemu SVP, Ulrichowi Schlüerowi. Jej organizacjami są Schweizerzeit, komitet inicjatywny przeciwko budowie minaretów, bezpartyjnego Komitetu Przeciwko Masowym Naturalizacjom oraz filii SVP PIKOM. Przewodniczy jej homoseksualny radny SVP Fuchs. Strategia ta udaje niezależny i popularny głos. Dla SVP ma to tę dodatkową zaletę, że nie może być bezpośrednio odpowiedzialna za podżeganie ludzi.

Poniższe dane można sprawdzić w Federalnym Urzędzie Statystycznym pod poniższym linkiem.

http://www.bfs.admin.ch/bfs/portal/de/index/themen/01/05/blank/key/religionen.html

| Dane liczbowe w tysiącach | **1980** | **1990** | **2000** | **Różnica** |
|---|---|---|---|---|
| Chrześcijanie | 5968.5 | 6061.8 | 5776.6 | -191.9 |
| Muzułmanie | 56.6 | 152.2 | 310.8 | +254.2 |
| Inne wspólnoty religijne | 30.1 | 46.8 | 75 | +44.9 |
| Brak przynależności | 241.6 | 510.9 | 809.8 | +568.2 |

## Plotki krzyżowe i spektakl medialny

Podtytuł: Gra edukacyjna na papierze monopolowym Centralnej Szwajcarii

Pewnego razu pojawił się dozorca szkoły, który przybił duży żelazny krzyż nad drzwiami nauczyciela, nie prosząc o to. Zainteresowany nauczyciel usunął krzyż. Historia skończyłaby się, gdyby nie lokalna gazeta.

Praca ta opublikowała anonimowy i podżegający list do redaktora, mimo swojego statutu redakcyjnego o niepublikowaniu anonimowych listów do redakcji. Osoba pisząca była chroniona, osoba zaatakowana możliwa do zidentyfikowania. List do redaktora zawierał nieprawdy, osobiste ataki i insynuacje. List zakończył się retorycznym pytaniem: "Czy dojdzie do tego, że wszystkie kościoły chrześcijańskie będą musiały odkręcić krzyże na dachu?

## *Kreuz vom Schulzimmer entfernt*

Es ist noch gar nicht lange her, als ein Religionslehrer ein eigenes Schulzimmer im Schulhaus Loreto in Zug bezog. Man wollte ihn mit einem künstlerischen Kreuz über der Zimmereingangstür überraschen, doch stattdessen entfernte er kurzerhand das Kreuz und liess es im Schrank verschwinden.

Bei Nachfrage, weshalb, erhielt man nur die lakonische Antwort: «Wir müssen auf die anderen Religionen, wie zum Beispiel die Moslems, Rücksicht nehmen. Deshalb darf kein Kreuz über dem Zimmereingang hängen!»

Ehrlich gesagt, traf mich fast der Schlag! Müssen wir denn schon unsere eigene Religion verstecken oder verleugnen, nur wegen Andersgläubigen, die nicht unserer Religion angehören? Was ist das für ein Religionslehrer, der nicht einmal unsere Religion vertreten kann? Kommt es so weit, dass alle christlichen Kirchen die Kreuze auf dem Dach abschrauben müssen?

Ich finde es nicht in Ordnung, dass wir immer mehr zurückgestuft werden. Andersgläubige sollen sich anpassen und unsere Kultur respektieren und nicht umgekehrt! Wenn wir ins Ausland gehen, versuchen wir uns auch respektvoll zu benehmen und achten die dortige Kultur.

(NAME DER REDAKTION BEKANNT)

10/3/2001
Neue ZZ

## *Anonymer Angriff gegen Religionslehrer*

***«Kreuz vom Schulzimmer entfernt» und «Fragwürdige Aussage», Leserbriefe vom 5. und 9. März***

Aus der Deckung der Anonymität heraus wurde unser Religionslehrer per Leserbrief angegriffen, weil er ein Kreuz vor seinem Schulzimmer nicht dort beliess, wo es ein anderer hingehängt hatte. Der ominöse Vermerk «Name der Redaktion bekannt» täuscht nicht darüber hinweg, dass die Leserbriefschreiber nicht den Mut hatten, zu ihren Angriffen zu stehen.

Das ist absolut unfair: Der Angegriffene ist klar identifiziert – die Angreifer halten sich bedeckt. Wir begreifen nicht, dass solche Angriffe anonym in der Zeitung erscheinen dürfen. Auf diese Art wird eine konstruktive Auseinandersetzung unter den Direktbetroffenen verunmöglicht.

Wer sich so verhält wie diese Leserbriefschreiber, tut gleichzeitig der christlichen Sache einen denkbar schlechten Dienst. Die Religionslehrer haben – und hatten schon immer – einen überaus schwierigen Auftrag zu erfüllen. Sie hätten wirklich anderes verdient, als auf diese Art und Weise angegriffen zu werden. Übrigens: Im Zimmer des Religionslehrers befindet sich ein Kreuz.

SCHULLEITUNG DER OBERSTUFE LORETO ZUG: **URS LANDOLT, BEAT WASER** UND **JÜRG MEILE**

Tego samego dnia dyrekcja szkoły zareagowała z niezadowoleniem na gazetę. Dowiedziała się, że redaktor naczelny Zug zatwierdził ten list.

Cztery dni później gazeta opublikowała drugi anonimowy list do redaktora, który również mnie zdyskwalifikował i napełnił strachem przed obcymi i zagładą.

W kolejnym akcie dramatu krzyżowego zareagowało kierownictwo szkoły. Przedstawiła sytuację w sposób obiektywny i zwięzły. "Anonimowy atak na nauczycieli religii," czytamy w liście do redaktora. Listy do redaktora zostały opisane jako niesprawiedliwe, anonimowe ataki na nauczyciela religii. Kierownictwo szkoły wspierało mnie w tym.

Pochodzenie anonimowego listu do redaktora było znane szkole. Para dozorców napisała to sama. Nie uznali za konieczne ubieganie się o wywiad z osobą bezpośrednio zainteresowaną. Nie docierają one również do kierownictwa szkoły, choć jest to wewnętrzny przepis. Nie wiedzieli nawet, że lekcje są międzywyznaniowe i dla wszystkich. Para dozorców otrzymała za to naganę. Redakcja gazety została poinformowana o tych faktach.

Ta niewypowiedziana gazeta nie poddała się. Chciała skandalu. I to ja powinienem to zrobić. W Bawarii spłonął konstytucyjny "Kreuzknatsch" (gnasz krzyżowy), który według nich mógł być powtórzony w Zug. Dziennikarz z Neue ZZ chciał zrobić reportaż ze zdjęciami o mnie. Odmówiłem z podziękowaniami.

Osiem dni później w ogłoszeniu o Nowym LZ i Nowym ZZ czytamy "Spór o krucyfiks w klasie". - W klasie już raz było źle, krzyż powinien być nad drzwiami na zewnątrz. W centrum artykułu znalazł się wywiad z Josefem Hochstrasserem, nauczycielem religii w Kantonsschule Zug. Inter-pogląd zawierał wiele błędów i błędnych osądów. Josef Hochstrasser przeprosił za to potem. Niewybaczalna była jednak czarowna prezentacja tej gazety na pierwszej stronie. Wieszak na krzyż został opisany jako przyjazny facet, który chciał zaskoczyć nauczyciela religii. Nauczyciel religii został przedstawiony jako niewdzięczny typ, który nie okazywał "burzliwej radości", ale reagował w złości. Nigdzie nie było napisane, że krzyż jest duży i wcale nie "artystyczny". Krzyżyk został umieszczony bez demaskowania nad drzwiami w obszarze zewnętrznym. Wszyscy, którzy wchodzą do klasy, muszą wejść pod ten kuty żelazny krzyż. Krzyż był nie na miejscu dla osób bezwyznaniowych, które uczęszczały na lekcje, jak również dla niechrześcijan i chrześcijan. Symbolika ciężkiego krzyża nad drzwiami przypominała dwór mówiący: "Pod tym krzyżem będziesz się czołgał".

NEUE LZ

Heute mit TV AKTUELL

# Streit um Kruzifix im Schulzimmer

NEUE LUZERNER ZEITUNG

34 ZENTRALSCHWEIZ

## Zug und das Kreuz mit dem Kruz

Der Knatsch um das Kruzifix

KOPF DES TAGES

Markus Dürr

Seite 30

Ktokolwiek tak wyraźnie karmi Knatscha, nadal go odżywia i pielęgnuje. Rozmowy telefoniczne były gorące w budynku szkolnym. Anonimowy otrzymałem list do redaktora w domu szkolnym, ale był on adresowany do pana Josefa Hochstrassera. Następnie pojawiły się liczne listy do redaktora. "Czy to krzyż z nauczycielami religii w Zug?" był jednym z tytułów. Tytuł czterech listów do redaktora brzmiał: "Dlaczego my, Szwajcarzy, nie możemy stać przy naszej religii? Zgłosiła się rada kościelna. Odwiedzono mnie w klasie.

14 Neue Luzerner Zeitung Neue Urner Zeitung Neue Schwyzer Zeitung Neue Obwaldner Zeitung Neue Nidwaldner Zeitung Neue Zuger Zeitung Donnerstag, 29. März 2001 / Nr. 74

FORUM

## *Warum können wir Schweizer nicht zu unserer Religion stehen?*

*«Der Knatsch um das Kruzifix», Ausgabe vom 21. März*

Mit grosser Neugierde ... nicht mit Erstaunen ... sen Artikel. Einige Fra... te ich mir stellen. Da ... Lehrer das Kruzifix ... den: plastische Darst... gekreuzigten Christus am K... der Wand. Er macht dies, ... andere Religionen Rücksich... will. Das Bundesgericht ve...

eines Jeden sein und nicht am Symbol des Kreuzes hängen. Doch das Kreuz hat seine Bedeutung, wie es auch Josef Hochstrasser erwähnt hat ...

[redacted]

tralen Staates sein, Plattform zu bieten für den Bekenntnisunterricht irgendeiner Weltanschauung.

## *Ist es ein Kreuz mit den Religionslehrern in Zug?*

*«Warum können wir Schweizer nicht zu unserer Religion stehen?», Leserbriefe vom 29. März*

in der Vertikalen auf die Erde heruntergekommen und hat sich auf relativ kleinem Raum in der Horizontalen bewegt.

Bei der Wirkung des Sohnes wird einem warm ums Herz, und es ist sein Liebesimpuls, von dem man überströmt wird, stark spürbar.

kenntnis der Gleichwertigkeit des Nächsten. Dieser atmet nicht «meine» Luft, trinkt nicht «mein» Wasser, isst nicht «meine» Nahrung, sondern er hat – wie ich – Grundbedürfnisse ...

Moim następnym krokiem było poinformowanie i wezwanie Rady Czytelniczej oraz Redaktora Naczelnego. Sprzeciwiłem się pięciu punktom.

1. Anonimowy atak na moją osobę
2. Obraźliwe uwagi
3. Szkodliwe i nasilające się ataki
4. Nadgodziny
5. Platforma na rzecz ksenofobii

Stefan Ragaz, ówczesny zastępca redaktora naczelnego, napisał do mnie 25.4. Powiedział, że "nie wypadasz tak źle w raportowaniu, jak się czujesz, ale jako osoba z odwagą, która myśli naprzód".

Dopiero po upomnieniu przewodniczący Rady Czytelniczej, Peter Schulz, odpowiedział 23 lipca. Napisał: "Publikacja tego listu jest, moim zdaniem, nie do przyjęcia." "Uwaga: "Jaki to nauczyciel religii... ma charakter obraźliwy i powinien był zostać usunięty przez redakcję, pomimo swobody komentowania w listach czytelników..." Następnie opisuje, co zespół redakcyjny zrobił dobrze. Żałował, że sam nie wyszedłem na jaw. Na koniec dostałem wskazówki dotyczące lekcji i wystroju sali. Potem nastąpiła dalsza korespondencja, aż do ostatniej rozmowy ze Stefanem Ragazem w Opusie.

Ta rozmowa była rozczarowująca. Stefan Ragaz przeprosił za błąd redakcyjny. Nieakceptowalne opublikowanie krytykowanego przez Petera Schulza listu do redaktora nie przyniosło żadnych dalszych konsekwencji.

Obraźliwy charakter listów i obraźliwe tytuły redaktorów były błędami, a ofiara po prostu musiała to przełknąć. Odrzucono nawet odniesienie do redakcji jako platformy ksenofobii i promowania lęków przed wielokulturowością. Zamiast patrzeć w przyszłość i pytać o odpowiedzialność państwa, gazeta koncentruje się na dominacji kulturowej i obawie przed uczeniem się od siebie nawzajem. Ragaz i Schulz nie chcieli o tym rozmawiać. Nie otrzymałem nic poza wyjaśnieniami za ponad 30 godzin wysiłku i napięcia emocjonalnego. Nawet ta rozmowa, która trwała dobrą godzinę, nie mogłem, tak jak Ragaz, zaliczyć do wyników pracy. Dla konserwatywnej gazety, temat został zjedzony. Miała swoją uwagę i mogła służyć swoim klientom z emocjonalnymi historiami.

## Sprawiedliwość lub sprawiedliwość

Obecny numer wendekreis poświęcony jest tematowi fair, just and unfair. Niektóre dobre komiksy bardzo ładnie pokazują, co jest niesprawiedliwe. Niestety, żaden artykuł nie porusza kwestii tego, co jest sprawiedliwe, a co niesprawiedliwe. Autor artykułu "Jak sprawiedliwa jest sprawiedliwość" zwraca się do pytania o sprawiedliwość bez definiowania "sprawiedliwości". Ich spostrzeżenie jest takie, że uczciwość jest grą o sumie zerowej. Gdyby była zaangażowana w sprawy wymiaru sprawiedliwości, natknęłaby się na co najmniej pięć systemów wymiaru sprawiedliwości. Te są: Sprawiedliwość według 1. wykonania, 2. zlecenia, 3. potrzeby, 4. równego traktowania, 5. porozumienia, umowy. Niektóre z tych pięciu równych sobie podmiotów konkurują ze sobą.

Kwestia sprawiedliwości jest wspaniale potraktowana w słynnej przypowieści o robotnikach w winnicy (Mt 20,1-16). Przypowieść ta kontrastuje dominującą sprawiedliwość działania ze sprawiedliwością potrzeb (1 Denarius to zwyczajowe dzienne wynagrodzenie i dzienne zapotrzebowanie pracownika), równym traktowaniem (1 Denarius dla wszystkich) i sprawiedliwością umowną. To nie wszystko. Kiedy przedstawiciel sprawiedliwości wykonawczej protestuje, dlaczego nie otrzymuje więcej, odpowiedź jest zaskakująca. Jezus odnosi się do porozumienia, które zostało dotrzymane (umowna sprawiedliwość) i do tego, co przekracza wszelką sprawiedliwość - hojnego zachowania.

### Addendum:

Artykuł ten ukazał się jako list do redakcji w wendekreis 2/2015 do artykułu "Jak sprawiedliwa jest sprawiedliwość?

Na lekcjach szkolnych zajmuję się sprawiedliwością z następującym arkuszem roboczym. Uczniowie rozdzielają dochody i dzielą się zarobkami. Muszą oni uzasadnić swój przydział. Żywe dyskusje są gwarantowane.

### Der Lohn der Zügelmänner: Wie entscheidest du?

Ein Team von 5 Zügelmännern führt einen Umzug durch. Sie stehen wie immer unter Zeitdruck und der Platz im Wagen ist knapp, so dass sie sich gut überlegen müssen, wie sie die Möbel verstauen. Sie bekommen für den Umzug 2000.- Franken. 400.- Fr. sind für die Kosten der Zügelfirma (Lastwagenanteil, Benzin, weitere Materialien).

Wie würdest du die verbleibenden 1600 Franken auf die 5 Arbeiter verteilen?

| Ich vertrete folgende Gerechtigkeitsinhalte: .............................. | | | Das Gleichnis weist auf folgende Gerechtigkeiten hin: .............................. | | |
|---|---|---|---|---|---|
| Gerechtigkeit nach: | **A** | **B** | **C** | **D** | **E** |
| 1. ..........................<br>2. ..........................<br>3. ..........................<br>4. ..........................<br>5. .......................... |  |  |  |  |  |
| **Eigenschaften** | Kräftig | Nicht kräftig | Kräftig | Nicht kräftig | Nicht kräftig |
| **Einsatz** | Strengt sich an | Strengt sich an | Strengt sich nicht an | Strengt sich nicht an | Strengt sich nicht an |
| **Leistung** | Sehr viele Möbelstücke | Normal viele Möbelstücke | Normal viele Möbelstücke | Wenig Möbelstücke | Keine Möbelstücke, guter Planer |
| **Persönliche Lage** | Alleinstehend | Familie mit 3 Kindern | Geschieden, 1 Kind | Arbeitslose Partnerin mit Kleinkind | Luxuriöser Lebensstil, Ehefrau voll berufstätig |
| **Lohnvorschlag** | | | | | |
| Mehr als Gerechtigkeit ist gemäss Gleichnis: .............................................................................. | | | | | |

## Edukacja religijna - co może lub powinna robić?

Teologowie z czasopisma "Erwägungen", będącego dodatkiem do "Nowych dróg", zapytali, czego uczymy się i czego uczymy się w szkole? Jaki jest świat lub jak może być inny? Moja opublikowana odpowiedź brzmiała 2014:

### Konkretne spotkania i postawy prowadzą nas do stanu rzeczywistego i docelowego

Wiodące pytanie o to, czego należy nauczyć/uczyć się w sensowny sposób, nie może być sprowadzone do wspólnego mianownika. Wąskie pytanie o Odrę prowadzi na manowce. My, nauczyciele, musimy zarówno stawić czoła światu takiemu, jaki jest i kwestionować ten świat, jak i utrzymać zachętę do innego światopoglądu. Ci, którzy tylko marzą o innym świecie, nie mogą reagować na istniejący. Ci, którzy zwracają się tylko do tych istniejących, tracą transcendencję, alternatywę dla systemów niesprawiedliwości. W tym względzie trzymam się Kurta Marti, który wymaga czułości i dokładności. Jedno bez drugiego staje się nijakie, proste i spłaszczone. Tylko delikatność staje się nadmierna, tylko precyzja staje się brutalnością. To, jaki jest świat, a jaki nie może być, jest początkiem poszukiwania innego świata. To tyle na temat pytania wstępnego.

Co szkoła może i powinna osiągnąć, zwłaszcza nauczyciele religii? Mówiąc prościej, chcę umożliwić spotkania, poprowadzić ludzi do refleksji nad ich doświadczeniami i omówienia postaw z ich zainteresowaniami.

## Spotkania

Różne spotkania kulturowe, religijne i społeczne poszerzają horyzont. Otwierają bramę do innego świata. Umożliwiają one również spotkanie ze mną i moją postawą. Emmanuel Levinas i Martin Buber, między innymi, uzasadnili to teologicznie. Nie dostaniemy się do ciebie, ten drugi. Konkretnie, rozmowy z przedstawicielami religii, osobami niepełnosprawnymi, seniorami i niemowlętami, kapelanami więziennymi, imigrantami, byłymi ćpunami są wzbogacające. Uczymy się nie przez rozmowę o nich, ale z nimi. To doświadczenie nie jest wykładowym spojrzeniem nauczyciela, ale dialogowym badaniem innych doświadczeń. Młodzi ludzie często są bluźnierczy o tym, jak mało pozwalają sobie powiedzieć. Poglądy nauczycieli są często odrzucane. Cenią sobie wymianę doświadczeń z osobami, których to bezpośrednio dotyczy. Lubią rozmawiać, zastanawiać się i wymieniać informacje o tych spotkaniach.

## Postawy, etyka, moralność

Apelacje apelacyjne i moralnie zakwaszone wytyczne dotyczące zachowań konsumentów (oferta wielkopostna, chleb dla wszystkich) zwykle zawodzą. Nie są one trwałe. Dyskusja na temat postaw w rozmowach z osobami, których to dotyczy, otwiera drzwi do własnych zmian zachowań.

Biblia kwestionuje postawy. Na przykład, przypowieść o winnicy może być bardzo dobrze wykorzystana do dyskusji o sprawiedliwości. Nie chodzi o to, że Biblia ma rozwiązanie, ale o to, że pokazuje alternatywy. Nie jest to nieudolna indoktrynacja dyskusji o równości, ale metodyczna problematyzacja, która zaczyna się od własnego wnętrza uczniów. Poglądy upraszczające nie są zastępowane przez kontrprojektu, ale raczej poprzez zajęcie się sytuacją ubogich oraz potrzebą i własnym poszukiwaniem, uzasadnieniem postawy i kroków do poprawy. Boska sprawiedliwość i miłosierdzie nie są akceptowane, gdy są one nauczane. Ale każdy, kto widzi, że istnieją różne rodzaje sprawiedliwości, najpierw uznaje granice własnej sprawiedliwości. Dzięki temu może otworzyć się na coś nowego i większego.

Wracając do początku pytania i postulowanych tam stwierdzeń. Potrzebujemy zarówno realizacji świata rządzącego, jak i środków transcendencji dla świata bardziej sprawiedliwego.

## Islamizacja miasta Lucerny?

Pytanie to zostało zadane przez prezydenta miasta SVP Lucerny w radzie miasta, a on sam odpowiedział twierdząco na to pytanie. Zadał to pytanie, ponieważ rada miejska przekazała Kornschütte na wystawę "Islamic daily life in the canton of Lucerne". Wystawie tej towarzyszyły i wspierały ją trzy kościoły regionalne. Jako bezczelne pytanie pozostaje pytanie, czy parlamentarzysta SVP był przeciwny wystawie, aby nie było możliwości spotkań, aby nie dochodziło do wymiany informacji, aby klisze mogły być nadal rozpowszechniane bez zakłóceń?

Czy pamięta pan jeszcze federalne inicjatywy naturalizacyjne? SVP przepowiedział niemożliwe liczby, że Szwajcaria zostanie całkowicie zhamamizowana. Jeżeli liczby miałyby zachowywać się tak, jak interpretuje je SVP, zreformowany w mieście Lucerna dzisiaj byłby ponad 400% oparty na wskaźnikach wzrostu w latach 1860-1888. Grupa

Grupa bezwyznaniowa jest obecnie większą grupą niż członkowie islamu, a w ujęciu realnym odnotowują również największy wzrost. Tylko demagodzy i filiści matematyczni mogą wyczarować islamską większość mimo rzeczywistych liczb.

Jeden z polityków SVP Lucerny opublikował broszurę z następującym zdjęciem okładki: duży minaret wypiera spadającą wieżę ciśnień. Tutaj również Islam jest świadomie używany. Oprócz głupich twierdzeń, że "Islam jest jednolity", broszura narusza uczucia religijne. Raz po raz autorka SVP cytuje krwiożerczych przedstawicieli (szejka Kiszkę, ajatollaha Chalkhaliego i Metina Kaplana) islamu, jakby tylko się liczyli. Podobnie byłoby w chrześcijaństwie, gdyby tylko krwiożerczy krzyżowcy byli uważani za prawdziwych przedstawicieli. Polityk SVP próbuje opisać chrześcijaństwo jako przeciwieństwo przemocy. SVP jako pacyfista - czy to demagogia czy nadużycie celu? Czy Christian Bush również należy do pacyfizmu? Czy członek SVP oznacza pax romana - pokój opresyjnej władzy - czy Królestwo Boże, pokój dla uciśnionych?

## Mówienie o wzroście

Najnowsza książka Urs P. Gasche i Hanspetera Guggenbühla nosi tytuł "Das Geschwätz vom Wachstum". Znani autorzy byli zaangażowani albo w Kassensturz, K-Tipp, albo w inną działalność dziennikarską. Jej najnowsza książka jest skierowana przeciwko wzrostowi słów kluczowych. Wzrost, którego domagają się kaznodzieje ekonomii (Avenir Suisse, ale także były prezydent PSZ Peter Bodenmann i ekonomiści związkowi) nie eliminuje ubóstwa i bezrobocia, nie jest konieczny do finansowania emerytur, pogarsza jakość naszego życia i niszczy przyrodę. Obydwaj autorzy wyjaśniają to imponująco prostym językiem. Książka jest skierowana do osób, które chcą stawić czoła rozmowom na temat wzrostu. W ograniczonym świecie, wieczny wzrost i tak nie jest możliwy. Jest zatem kwestią zdrowego rozsądku, aby stopniowo uwolnić się od przymusu wzrostu i wreszcie poważnie przedyskutować alternatywne rozwiązania.

Sama okładka książki jest bardzo imponująca. Tak więc krzywa wzrostu produktu krajowego brutto (PKB) będzie przebiegać, jeśli gospodarka będzie rosnąć stale o trzy procent rocznie, jak chcą tego kaznodzieje wzrostu.

W roku 2050 byłoby to cztery razy więcej, a w roku 2100 dziewiętnaście razy więcej niż w roku 2000!

Samo zdjęcie na okładce jest warte medytacji. A jaki wzrost jest po raz kolejny na pierwszym planie? Niestety nie jest to wzrost zrównoważony ani społeczny, ale jedynie pieniężny wzrost produkcji i konsumpcji.

## Zapisz

Kiedy używa się słowa "oszczędzanie", wiele osób myśli o środkach zapobiegawczych lub oszczędnym wykorzystaniu zasobów. Jeśli chodzi na przykład o oszczędność energii, myślimy o ostrożnym korzystaniu z ograniczonych surowców w przeciwieństwie do lekkomyślnych odpadów. Nasze myśli wiążą się z tym bardziej świadomą obsługą, nową jakością życia i innowacyjnym zachowaniem. "Ratowanie" ma pozytywny wydźwięk i jest postrzegane jako cnota chrześcijańska w kontekście zachowania stworzenia.

### Oszczędzanie to nie oszczędzanie na raz.

Media są pełne doniesień o oszczędnościach. Obecnie w polityce dominują oszczędności: zmiana prawa podatkowego, reforma 06 oraz programy ulgowe na szczeblu kantonalnym, gminnym i federalnym. To, co jest sprzedawane w ramach programu oszczędnościowego, oznacza zamknięcie muzeum przyrody, Kanti Beromünster, Höhenklinik, szpitala Wolhusens lub przekazanie opłat za szkoły muzyczne gminom i rodzicom. Oznacza to, że oszczędzanie nie ma już nic wspólnego z prewencją i nową jakością życia. Niektóre usługi stają się po prostu nieosiągalne, a niektórych rodziców po prostu nie stać na płacenie za lekcje swoich dzieci. W Wolhusen region ten traci swojego największego pracodawcę. Pacjenci i odwiedzający otrzymują znacznie dłuższe podróże. Nawet jeśli są to tylko sugestie dotyczące zgodności z intencjami obniżenia podatku, to i tak ogromnie niepokoją one pracowników. Wiedzą, że intencje i mandat do demontażu są jasno określone, nawet jeśli nie wszyscy politycy pamiętają swoje własne postępy i inicjatywy.

**Oszczędzaj na nowych drogach i dla właścicieli spółek holdingowych!**

Na co oszczędzamy? A dla kogo? Co ciekawe, w niektórych obszarach pieniądze są wydawane za pomocą dużej kielni, na przykład na budowę dróg. Program aglomeracyjny zawiera wydatki w wysokości 2600 mln, głównie na drogi. Z drugiej strony, podatki dla spółek holdingowych w kantonie zostały obniżone pięćdziesiąt razy, co można odczytać w Neue LZ z 22.9.05. Lucerna wyprzedza Zug z tym poziomem podatków i tym samym ma najniższe podatki w Szwajcarii. Negatywna konkurencja podatkowa istnieje również w dziedzinie podatku majątkowego. W przeciwnym razie i tak już niska stawka podatkowa ma zostać obniżona o połowę, z czego skorzystają tylko bogaci. Dla reszty populacji istnieją programy redukcyjne, które nazywane są Reform 06 lub podobne.

**Nazwijmy łopatę łopatą.**

Polityczne oszczędzanie nie ma już nic wspólnego z oszczędnościami czy skromnością. Ten zapis jest zapisem ukrytym, który nie zasługuje na tę nazwę. Byłoby uczciwiej, gdyby media informowały o cięciach, zwolnieniach, redystrybucji i przytulaniu bogatych.

## Power Talking lub komunikacja społeczna

Wiele nowych podręczników zajmuje się tematem komunikacji. Niektóre z nich dość dobrze opisują zaburzenia komunikacyjne. Ale żadna książka nie zawierała odniesienia do komunikacji społecznej. Po prostu brakuje go jako celu i przedmiotu dochodzenia. Tylko stara watykańska konstrukcja duszpasterska "communio et progressio" działa pod pojęciem "komunikacji społecznej". Jej zdaniem intencje i dobra wola nie wystarczą do pozytywnej oceny komunikacji, ale równie ważny jest duch, z którego się ona odbywa. Między innymi, komunikacja musi służyć poszukiwaniu prawdy.

Z politycznie wybuchowymi tematami w izbie posiedzeń rady, przy stole bywalców i w mediach, rzadko pojawiają się jakiekolwiek oznaki komunikacji społecznej. Rozmowa o władzy jest bardziej prawdopodobna. Ilustrują to dwa przykłady:

SVP zamierza "użyć wszelkich możliwych środków przeciwko kulturowemu miejscu pracy". Czy musimy oczekiwać, że SVP użyje nielegalnych środków, ponieważ nielegalne środki są również możliwe do wyobrażenia? Dlaczego tak agresywnie? Czy to ma być zastraszanie?

Ostatnio powiedziano w gazecie, że obwodnica (planowana nowa autostrada równoległa) będzie kosztować co najmniej 700 milionów więcej, czyli co najmniej 1 700 milionów. Zapytany o te ogromne koszty w czasach oszczędności, lider społeczności Emmen, Tony Maeder, powiedział: "cokolwiek trzeba". Czy nie ma już górnych granic i progów bólu? Czy koszty mogą, czy też nie powinny być omawiane?

Te dwa przykłady pokazują, gdzie są ogromne zainteresowania, bardzo mało uwagi poświęca się partnerom dyskusji - w tym przypadku słuchaczom i czytelnikom. Zamiast praktykować komunikację społeczną, pokazywane są mięśnie i nie daje się drugiej osobie żadnej szansy na sformułowanie sprzeciwu. W polityce mamy do czynienia z walką o dystrybucję i mamy do czynienia z twardymi argumentami. Przykłady te nie przedstawiają jednak twardych argumentów, lecz raczej tłumią sprzeciw. Niektórzy profesjonaliści z branży medialnej przyklejali je nawet nie odzwierciedlone w głównych artykułach jako "takie, jakie są". Ale to nie musi tak być! Prawda?

## Harry Potter jako antyrasistowski

Napastnik socjalistyczny odrzuca Książki Pottera, ponieważ są one skomercjalizowane, a zatem kapitalistyczne. Niektórzy katoliccy kapłani odrzucają książki Pottera, ponieważ magia jest diabelska i niechrześcijańska. Treść książek - walka z rasizmem - niestety do tej pory prawie nie była omawiana.

Wiesz dlaczego Harry Potter jest taki popularny? Dziecko usprawiedliwiałoby taką ekscytującą historię. Harry broni się przed codzienną niesprawiedliwością. Hermiona jest wyśmiana, Ron jest nękany, a Harry jest niesprawiedliwie karany. Ten świat jest czytelnikom znany. Ludzie w Potterworworworld są często przeciążeni, wygodni, bardzo ludzcy lub organizują się w poszukiwaniu prostych rozwiązań. Nawet najdrożsi przyjaciele i dyrektor powodują błędy z wielkimi konsekwencjami. Pomimo magicznego świata, wydaje się to bardzo bliskie życiu.

Jego kolega z klasy, Draco Malfoy, uosabia zło razem z innymi. Jego imię ma skojarzenie z krwiopijcą Draculi. Zło chce czystej krwi, co oznacza, że tylko magiczne dzieci mogą uczęszczać do szkoły. Dzieci Muggle'a, obraźliwe słowo dla dzieci ludzkich, doświadczają tylko odrzucenia. Hermiona bardzo na tym cierpi. Tak jak Hitler, zło jest dla czystej krwi. Harry i jego przyjaciele spiskują przeciwko niej. Dla nich wszystkich, czy to czystorasowych, dzieci Muggle, półkrwi, czy też pochodzących od gigantów, mogą uczęszczać do szkoły i uczyć w niej. Harry walczy o sprawiedliwość i o wyrzutków. Tak więc Harry jest nowoczesnym, antyrasistowskim wojownikiem, który mówi z serca wielu i dlatego jest fascynujący.

## Buddyzm - bardziej atrakcyjny?

**Buddyzm jest często obchodzony na Zachodzie jako nowoczesna religia. Najpóźniej po zeszłorocznej wizycie Dalajlamy wielu mówiło o atrakcyjności buddyzmu. Wiara w reinkarnację (wiara w odrodzenie) jest opisywana przez media jako bardziej atrakcyjna, bez bliższej analizy. Czyżby?**

Przy bliższym poznaniu obu religii różnica ta nie jest tak wyraźna, a przynajmniej nie jest nie do pokonania. Jak to?

Założycielem buddyzmu jest książę Gautama Siddharta. Kiedy miał swoją wizję ognia, jego centralne spostrzeżenie dotyczące reinkarnacji było takie, że reinkarnacja nie jest obowiązkowa i może przejść do wiecznego etapu oświecenia. Zgodnie z buddyjską legendą, odwieczny cykl nie jest podany. W tym sensie Gautama Siddharta widział siebie jako rzeczywistego reformatora hinduskiej tradycji religijnej.

A chrześcijaństwo zna tylko wyjątkowość? To nie jest takie jasne. Kościół wczesnochrześcijański zaakceptował odrodzenie - zwłaszcza wcześniejsze istnienie duszy. Pod naciskiem cesarza Konstantynopola Justyniana, został on jednak odrzucony na "Radzie Generalnej" w 553 r. przy stosunku głosów 42 do 38. Papież Vigilius nie był nawet obecny na spotkaniu, a głównym tematem było odrzucenie tendencji gnostycznych. Ze strachem przed gnozą, ale w tym samym czasie wiara w odrodzenie została zepchnięta z powrotem przez wąski margines.

Wiara w reinkarnację była i jest dziś dość mocno reprezentowana w chrześcijaństwie. Dane z badań pokazują, że co najmniej 29% respondentów zgadza się z tym poglądem.

Ostatecznie, po bliższym zbadaniu tej centralnej kwestii, obie religie są znacznie bliżej siebie niż sugerowałyby to oficjalne klisze. I ważniejsze niż upieranie się przy wierze w wyjątkowość lub wieczny cykl są prawdy, którymi żyją zarówno Jezus, jak i Gautama Siddharta. W ten sposób Jezus, opowiadając przypowieść o dobrym Samarytaninie, odwoływał się do przykazań miłości i do praktyki rzeczywiście przeżywanej (por. Łk 10, 25-37).

## Obsługa dwóch mistrzów

**Żaden człowiek nie może służyć dwóm panom. Nie możesz służyć Bogu i mamonie. Te wersety z Mat. 6,24 są bardzo zwięzłe, znane, a jednak nie są poprawne. Polityka stale służy dwóm panom i mamonie, ale wielu z nich próbuje to zatuszować, lub, w sensie biblijnym, zatuszować.**

Międzynarodowa i międzykantonalna konkurencja podatkowa to wyścig o brudną lucre. Jest to szczególnie widoczne w preferencyjnym traktowaniu osób prawnych. Kanton Lucerny opodatkowuje osoby prawne bardziej uprzejmie niż osoby fizyczne. Kanton prowadzi nawet w podatkach od zysków kapitałowych dla spółek holdingowych (porównaj Neue LZ z 27.9.05). Po spadku z 0,5 % w 2005 r. o współczynnik pięćdziesięciu do 0,01 %, Lucerna zajmuje pierwsze miejsce w kraju, a Obwalden w 2006 r. z takim samym niskim współczynnikiem. Negatywna spirala podatkowa, bogate firmy płacą coraz mniej, oddalają się, a taniec wokół złotego cielęcia trwa nadal.

## Dla kogo wdrażana jest ta polityka obniżania podatków?

Handlowcy naftowi osiedlili się nie tylko w kantonie Zug, ale również w Lucernie. Największym podmiotem handlującym towarami w Lucernie jest Trafigura AG i to ona najbardziej korzysta z polityki podatkowej. W 2006 r. wygenerowała obrót w wysokości 45 mld dolarów. Ta firma była kilka razy odpowiedzialna za negatywne Nagłówki. Amerykański sąd skazał międzynarodowego handlowca towarowego Trafigura AG, z siedzibą w Lucernie, na karę grzywny w wysokości około 20 milionów dolarów. Firma przyznała się do złożenia fałszywych oświadczeń o pochodzeniu ropy naftowej z Iraku (patrz 26 maja 2006, 23:05, NZZ Online).

Zeszłej jesieni, firma była odpowiedzialna za katastrofę na Wybrzeżu Kości Słoniowej. Dla firmy zysk był ważniejszy niż zdrowie ludzi z trzeciego świata. Ścieki zmieszane z benzyną i sodą kaustyczną z cysterny wyczarterowanej przez Trafigurę zostały zrzucone na kilkanaście niechronionych składowisk w Abidżanie, gdzie mieszkają najbiedniejsi z biednych. W wyniku tego zginęło 10 osób. Kliniki i lekarze zarejestrowali ponad 37.000 konsultacji dotyczących objawów zatrucia. Ponad 100.000 mieszkańców było leczonych lekami. Trucizna powinna była zostać najpierw profesjonalnie usunięta jako odpad niebezpieczny w Holandii. Ponieważ było to zbyt kosztowne dla firmy, przenieśli ładunek do Abidżanu. Fakt, że liczba ofiar nie była wyższa, wynika prawdopodobnie z silnego zapachu, który zaalarmował ludność i ostatecznie władze. Grupa zadeklarowała te odpady jako "ścieki". Eksperci Organizacji Narodów Zjednoczonych ustalili jednak, że odpady te zawierały również siarkowodór, który w stężonych dawkach jest zabójczy.

Trafigura została założona w 1993 roku przez Claude'a Dauphina i Erica de Turckheim, którzy wcześniej pracowali dla Marca Richa i są znani jako Marc Richboys. Sam Marc Rich został skazany na 325 lat więzienia w swoim kraju, USA, za uchylanie się od płacenia podatków i unikanie embarga. Burmistrz Lucerny podpisał petycję o wybaczenie dla Marca Richa. Wydawało się, że to się uda. W swoim ostatnim publicznym akcie, prezydent Bill Clinton ułaskawił Marca Richa.

Ponieważ spółka Trafigura AG ma swoją siedzibę w Lucernie, podlega tutaj opodatkowaniu. Miasto Lucerna i parafia katolicka zyskują w ten sposób pieniądze podatkowe ze sklepów Trafigura. Kwestia winy nie powstaje, ale miasto i parafia katolicka muszą się zastanowić, czy są po prostu beneficjentami brutalnej konkurencji kapitalistycznej, czy też chcą przyjąć na siebie odpowiedzialność społeczną. Byłoby właściwe, aby część dochodów podatkowych spółki Trafigura została przekazana organizacjom charytatywnym.

**Żaden człowiek nie może służyć dwóm panom. To stare przesłuchanie jest częściowo przestarzałe, ponieważ niektórzy mogą bardzo dobrze służyć dwóm mistrzom. Trafigura i jej oddani politycy służą nawet tylko jednemu mistrzowi, mamonie, a ostatnio także konkurencji podatkowej i kapitalizmowi kasynowemu.**

PS: Zgodnie z artykułem w Neue LZ z 15.2.07, spółka Trafigura zgodziła się wypłacić 230 mln CHF odszkodowania.

## Nosić lub modlić się o kask rowerowy

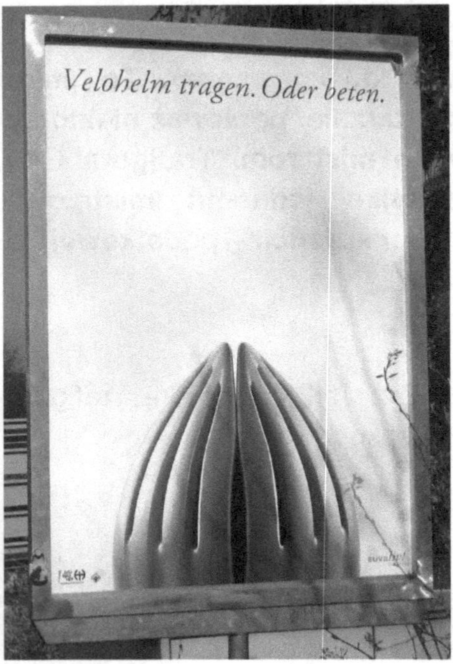


Plakaty z językiem religijnym i treścią religijną są liczne.

Kilka pytań i kilka humorystycznych uwag na temat plakatu kampanii suwy.

- Czy ktoś, kto nosi kask rowerowy, nie musi się modlić?
- Kto nie musi nosić kasku rowerowego podczas modlitwy?
- A co z modlącymi się posiadaczami kasków rowerowych?
- Jeśli prowadzisz samochód lub jedziesz autobusem, czy musisz również nosić kask rowerowy lub modlić się?
- Dlaczego trzeba nosić kask rowerowy lub modlić się o niego? Drogi wydają się być bardzo niebezpieczne.
- Kask rowerowy zdaje się sam się modlić.
- Czy reklamodawca śmieje się z modlitwy?

- Czy też noszenie kasku rowerowego jest już aktem religijnym, tak jak modlitwa?
- Wystawiam się na niebezpieczny świat drogowy, a kask rowerowy stoi przy mnie jak Christophorus.

Według badań, zmotoryzowani mają o 8 cm mniejszą odległość do osób noszących kaski rowerowe niż do rowerzystów bez kasków. W razie wypadku te 8 cm może być decydujące. Czy nie powinno się tam zrezygnować z kasku rowerowego?

Inny aktualny plakat reklamuje się z samochodem i hasłem: "Połącz niebo z ziemią". Nowe BMW serii 3 kabriolet."

Ta reklama działa z obietnicami zbawienia - są one związane z niebiosami.

Jeździsz BMW serii 3 kabrioletem i nie musisz nosić kasku ani modlić się!

Sugestie do tego tekstu zawdzięczam Romanowi Heer, Wizualizatorowi, Lucernie.

## Ruth zamiast króla Dawida -

## Solidarność zamiast gloryfikacji przemocy

Król Dawid zawsze był częścią obowiązkowej tematyki edukacji religijnej. Największy starotestamentowy rozdział szwajcarskiej Biblii szkolnej poświęcony jest królom, a najwięcej królowi Dawidowi. David jest wielkim kryminalistą stosującym przemoc, jak widać na podstawie trzech poniższych przykładów.

- Historia Dawida i Goliata to wojownicza historia. Dla każdego aroganckiego konia wojennego zachętą do podjęcia walki.
- Ale David to nie tylko dzielny David, ale także podstępny David, który wysyła rywala na wojnę, aby go zabić. Wcześniej David porwał i zaimpregnował swoją żonę, co zainspirowało go do tego bezwzględnego pomysłu. (Story of David and Batse-ba)
- W nowszej pomocy dydaktycznej - z pięknymi zdjęciami Chagalla - leczona jest zazdrość Saula wobec Dawida. Zazdrość Saula jest krytykowana, ale piosenki Davida o przemocy nie są. To bardzo dziwne, że zazdrość o wojnę jest tematem dyskusji. "Gdyby Bóg tego chciał, nadszedłby mój czas. Bez Bożego błogosławieństwa, to i tak byłoby niczym." A Dawid został królem, więc wydaje się, że Bóg pobłogosławił jego dzieło. David skarży się wcześniej, ale jego bohaterskie czyny nie są uznawane. "Saul zabił 1000, ale David zabił 10.000," sprawia, że ludzie się cieszą.

Ten David ma być świetnym wzorem do naśladowania? Niemiecko-szwajcarskie ramy katechetyczne z 1977 roku wychwalają bezkompromisową decyzję Dawida i postrzegają go jako Zbawiciela i przykład Chrystusa.

David zupełnie nie nadaje się jako wzór do naśladowania dla uczniów - a co ma być podziwiane i osiągane dzięki jego historiom?

W najnowszym materialnym planie nauki religii rzymskokatolickiej (2006), historia Ruth i Noemi jest na szczęście wymieniona jako alternatywa dla Dawida. Ta historia pokazuje dwie solidarne kobiety, które towarzyszą sobie i wspierają się nawzajem. Moabitess towarzyszy starej teściowej Noemi w domu. Stoi przy niej również w obcych częściach. Jego historia naznaczona jest tematem pomocy, gościnności i powitania. A czy wiesz, że król Dawid i Jezus pochodzili z tej dziwnej kobiety?

## Chwalić Boga - chwalić śmierć czy opłakiwać ją?

**Czy znasz pochwałę Boga, "Chwalimy twoją śmierć, wierzymy, że żyjesz,..." Nie mogłem śpiewać tych tekstów podczas studiów. Nawet dzisiaj uważam, że słowa pochwały Boga są mylące.**

Niektóre parafie od dawna planowały tę chwałę Boga jako integralną część swojej służby kościelnej. Dawno już nie mogłem śpiewać. Co mnie powstrzymało? Wyczułem znaczenie śmierci Jezusa, zrozumiałem interpretację, a jednak coś we mnie odmówiło śpiewu wraz z tym tekstem. Jak można chwalić śmierć? Pochwała śmierci zawsze miała posmak złośliwego blasku. Chwalmy zmartwychwstanie, rebelię przeciwko śmierci. To dobre wieści za dobrą cenę. Należy ubolewać nad śmiercią, która nie była czymś naturalnym, ale zbrodnią przeciwko Jezusowi. Ukrzyżowanie Jezusa to skandal. Rzymianie, z pomocą Wysokiej Rady i ludu, stracili Jezusa. Ukrzyżowanie było w tamtym czasie powszechnym narzędziem tortur i egzekucji w Palestynie. A ta praktyka ma być opłakiwana i opłakiwana.

Nasz slang lamentuje nad śmiercią. Tylko w przypadku ciężko chorych śmierć jest również interpretowana jako odkupienie. A Jezus był młody i radosny. Jak jego morderstwo może być chwalebne Jego zaangażowanie, jego wiara w Boga jest godna podziwu, ale nie to, co mu zrobili.

W internecie znalazłam nawet piosenkę animowaną na stronie głównej przedszkolnego warsztatu. Jak radosne dzieci rozumieją tę piosenkę, byłoby bardzo interesujące wiedzieć.

Naszemu językowi wiary i naszemu językowi brakuje nowych i bardziej precyzyjnych słów. Czy poniższy tekst nie byłby o wiele bardziej zrozumiały? Nawet dałby się zaśpiewać.

**"Chwalimy twoją odwagę, wierzymy, że żyjesz, jesteś przykładem dla świata."**

Bo chwalimy twoją odwagę, by stanąć w obronie dobrych wieści. Byłeś tak odważny, że zostałeś zamordowany. Dlatego pamiętamy o twojej śmierci / morderstwie i wierzymy w życie z twojego ducha i twojego przesłania.

## Pieniądze rządzą światem - nawet w wyborach!

**Pieniądze sprawiają, że świat się kręci! To stare spostrzeżenie, które jest widoczne w amerykańskich wyborach prezydenckich, dotyczy również Szwajcarii. Analiza po wyborach do Rady Narodowej potwierdza tę tezę. Chociaż środki finansowe są wykorzystywane w nieco bardziej dyskretny sposób, wpływają one na zachowanie wyborców. Pieniądze rządzą światem, w tym w wyborach do Rady Narodowej, zarówno na szczeblu krajowym, jak i lokalnym.**

Ponad 50% plakatów politycznych w całej Szwajcarii pochodziło z jednej partii i to samo odnosi się do reklam. W odniesieniu do liczby kandydatów wydatki te są rażąco nieproporcjonalne w stosunku do wszystkich innych stron. Demokracja jest silnie skorumpowana przez pieniądze, tzn. wpływa na nią i zniekształca ją.

Również w kantonie Lucerny jeden posiadacz niepewnego miejsca w Radzie Narodowej przyciągnął uwagę poprzez ogromne wydatki na reklamę, podobnie jak dwóch nowo wybranych członków. Według lokalnej gazety, zarówno kontrowersyjna Rada Narodowa SVP, jak i niedawno przejęta przez nią Rada Narodowa zatrudniły konsultanta PR. Te same usługi zostały zakupione przez nową Radę Narodową i nowego Radnego Narodowego. Prasa doniosła, że każdy kandydat wydał około 100 000 CHF na reklamę osobistą. Te wydatki na jedną osobę odpowiadają wydatkom finansowym Zielonych na 19 kandydatów, w tym na wszystkie reklamy kantonalne.

Mniej zdumiewała mnie finansowa siła jednostek niż inne wydarzenie. Zaangażowali się jak brzmi jak konsultant PR, większość z nich to nawet to samo z Meggen. Za jego radą użyto nielegalnych środków. Jeden z nich skopał reklamę kawy, zrobił z niego przytulnego obywatela. Odwróciło to uwagę od jego niechlubnej działalności gospodarczej i ówczesnego bankructwa.

Drugi radny narodowy nielegalnie wykorzystał piosenkę znanej grupy muzycznej jako hasło i osobistą piosenkę na stronę główną. Oba musiały zostać zatrzymane na drodze sądowej lub za pomocą ostrych listów od prawników. Oba zostały zaadaptowane lub nawet usunięte. Konsultant PR był na tyle sprytny, że wrzucił to do bezkrytycznego dziennika, który relacjonował o tym w bardzo radosny sposób. Kandydat został przedstawiony jako współczesny i odważny w przeciwieństwie do uporczywych konserwatorów własności intelektualnej. Półstronicowy raport na ten temat był najlepszą bezpłatną reklamą redakcyjną. Inny kandydat zwiększył swój głos, dodając do swojej twardej linii politycznej zaangażowanego społecznie i szanowanego teologa. Miał wydrukowaną ulotkę ze zdjęciem i rekomendacją teologa Seppa Riedenera. Był zdziwiony, ponieważ nigdy nie został poproszony o tę ulotkę przez pana Segmüllera. Niestety, osoba maltretowana nie wyszła na jaw. Mój wniosek z tych wyborów do Rady Narodowej jest taki, że pieniądze rządzą światem, a także kuszą skorumpowanymi metodami.

## Wojna kulturalna na Uniwersytecie we Fribourgu

My, teologowie wyzwalający niemieckojęzyczną sekcję Freiburga, byliśmy najbardziej aktywnym ciałem studenckim. Dzięki naszemu zaangażowaniu stworzyliśmy intensywne tygodnie, mieliśmy najwięcej do powiedzenia w kwestii mianowania profesorów i byliśmy reprezentowani w senacie.

Po przestępstwie zabójstwa na tle rasistowskim zademonstrowaliśmy publicznie przeciwko rasizmowi z ludzkim dywanem. Albo jak pokazuje poniższe zdjęcie, przeciwko biskupowi Haasowi i za większą demokrację w kościele. Właśnie zakopaliśmy demokrację w kościele. Obraz został wydrukowany dwustronnie w Illustrice Schweizer. Z tyłu po lewej noszę trumnę.

Największą wątpliwą organizacją religijną na tym uniwersytecie była "comunione e liberazione". Eugenio Corecco opiekował się oddziałami Ticino. Był pierwszym profesorem prawa kanonicznego we Fribourgu i teologiem antyliberacyjnym. Corecco został biskupem Lugano w 1986 roku. Uniemożliwił wielu postępowym profesorom z sekcji francuskiej. Praca postępowych teologów nie skończyła się w tym czasie. Zajęcia na dużą skalę, lub czytanie materiałów do własnej książki.

## A Therapy Crying Song

Napisany w 1983 r.

| Minuspsalm | tekst oryginału: Psalm 23<br>Pan jest moim pasterzem |
|---|---|
| **1** Nie jest on moją delikatną poduszką, która się mną opiekuje, ponieważ brakuje mi wielu rzeczy. | **1** Pieśń Davida.<br>Pan jest moim pasterzem, dlatego nie będę w potrzebie. |
| **2 Nie będę kładziony** na aksamitnych i dopasowanych dywanach, nie będę prowadzony na odosobnione wyspy zbawienia. | **2 Kazał mi leżeć** na zielonych pastwiskach, kazał mi odpoczywać nad wodą |
| **3 Nie żyję** tylko duchem. Muszę być głupcem, żeby dać się zepchnąć do nieba na szynach. | **3** i daje mi nową siłę. Prowadzi mnie po bezpiecznych drogach, poręczył za mnie swoim imieniem |
| **4** Mimo że muszę iść przez ciemne doliny, nie widzę i nie raduję się z tych pięknych rzeczy.<br>Twoja laska i twoje wsparcie ratunkowe sprawiają, że jestem ślepy. | **4 Jeżeli będę chodził** w dolinie ciemności, nie będę się bał zła; bo ty jesteś ze mną, twoja laska i twoja laska, pocieszają mnie. |

| | |
|---|---|
| **5** Przekarmisz mnie przy swoim stole, żebym nie widział już moich głodnych przyjaciół. Upraszasz mnie w sztucznej społeczności zamaskowanych postaci. | **5 W the** widok mój wróg thou setest twój stół przed: thou anointest mój głowa z olej, i wypełniać mój filiżanka folować the krawędź. |
| **6 Pochlebne** słowa i podstępne, przyzwoite zachowanie zapierają mi dech w piersiach, z każdym dniem więcej mojej roślinności. | **6** Twój dobroć i twój miłość otaczać każdy nowy dzień: w twój dom teraz móc I zostawać wszystkie mój życie. |
| Nie, nie tego Boga chcę. Wychodzę z tego luksusowego bunkra na dobre. | |

**Tło terapii Płacząca Piosenka**

Ivo Meyer, profesor Starego Testamentu w Lucernie, którego ceniłem za uczciwość i humor, zaprosił nas do tego twórczego ćwiczenia w 1983 roku. Jego zadaniem było napisanie psalmu minus do istniejącego Psalmu 23. Kontrastowy psalm może sprawić, że istota istniejącego doświadczenia stanie się namacalna. Tylko trzech uczniów rozwiązało to zadanie.

Przez rok mieszkałem w seminarium duchownym. Psalm minus o tym mówił. Mieszkałem tam, nie dlatego, że chciałem zostać księdzem. Chciałem i musiałem skupić się na nauce. Czas w seminarium był gorzkie. Z pierwszy tydzień, który był intensywnym tygodniem, stanęliśmy w obliczu celibatu. Więc zanim pozwolono nam studiować, wymuszono na nas totalitarne twierdzenie. Twarze maski były prawdziwe.

Dwa lata później Rain Schmid wykluczył mnie z Eucharystii we Fribourgu. Wszyscy studenci teologii diecezji bazylejskiej zostali zaproszeni. Ale pod drzwiami seminarium odwrócił mnie. Nie mógł znieść mojej krytycznej postawy.

Prorektorem w tym czasie był Hansjörg Vogel, późniejszy biskup. Ten ostatni zrezygnował z funkcji ojcowskiego biskupa w prawdziwym tego słowa znaczeniu.

Kierownikiem duchowym seminarium był Fritz Schmid. W 1983 roku, kiedy czterech teologów z listy Poch (Progressive Organisations of Switzerland) lub związanej z nią Bunte Liste Amt Sursee startowało w wyborach do Wielkiej Rady, jego horror był wielki. Wykorzystał ołtarz i mszę jako oczernienie tych uczniów. Jednym z nich byłem ja, jedyny obecny, który słuchał jego nienawistnych przemówień.

## Zakazy uniwersytetu w Lucernie

**theologie der duck's**

Vorschlag für ein exegetisches Seminar

Gemäß dem fundamentaltheologischem Prinzip "Lieber den Comic in der Hand als die Bibel auf dem Dach" nehme man/frau die letzten 30 Jahrgänge von Walt Disneys "Micky Maus", behandle sie als Offenbarungsquellen und versuche, mit den Methoden der Exegese die darin waltende Verbalinspiration in Dogmen zu fassen.

Dazu einige methodische Hinweise:

- Ohne größere Schwierigkeit läßt sich ONKEL DAGOBERT, der Eigner der meisten Produktionsmittel in Entenhausen, als Gottvater enttarnen. Wie sich Gottvater im Paradies mit den Seelen umgibt, so pflegt Dagobert im angehäuften Gold seines Geldspeichers zu baden.

- Die göttliche Dreieinigkeit inkarniert sich in den dreifachen TICK, TRICK und TRACK, die verbündet mit den himmlischen Heerscharen des Fähnchen Fieselschweif ihren heidnischen ONKEL DONALD zum rechten Glauben zu bekehren suchen.

- Das Pendant zum ungläubigen, verstockten und deshalb vom Pech verfolgten Donald finden wir in GUSTAV GANS: Der Glaubende in der Gewißheit seines Heils.

- DAISY DUCK, die Tick, Trick und Track auch schon mal ein Fußbad statt Eiscreme anbietet, verkörpert Maria Magdalena. Um ihre Gunst buhlen sowohl der gläubige Gustav wie der Held Donald. Umsonst, die keuscheste Frucht vom Baum des Lebens bleibt eine solche.

- OMA DUCK als herzensreiche Gottesmutter breitet bei jedem Familienkrach ihren Mantel aus und setzt ihrer Sippe heiße Hamburgers unter die Schnäbel.

- Als apokalyptischen Vorboten des himmlischen Jerusalems Entenhausen erkennen wir unschwer GOOFY. Seine Trottelseeligkeit verheißt uns jene Einfalt des Herzens, die den Gottvätern vom Schlage Dagoberts am besten in den Heilsplan passt.

Studencki magazyn miał konsekwencje. W 1983 lub 1984 roku wydrukowano około 200 egzemplarzy tego pisma. Liberalny" wydział teologiczny nałożył po tym czasopiśmie kilka zakazów uniwersyteckich. Opinia publiczna nie została poinformowana. Magazyn nie był bardziej obraźliwy niż wiele magazynów licealnych. Przeszkodą był artykuł zatytułowany "Wybitne zasługi starych i nowych teologicznych Marcktschreyern". W nim profesor Manfred Weitlauff jest nazywany Mani Standstill. Co więcej, satyryczna kontemplacja Trójcy Świętej kaczki zasadniczo wściekła profesurę. Byłem zaangażowany w druk i dystrybucję tego magazynu. Miałem szczęście, że z imienia i nazwiska nie jestem wymieniony w zawrocie głowy. Lucerna była bez humoru. Więc przeniosłem się też na inny uniwersytet.

## Rozdzielacz myśli

Wyczuwam coś z zimnej wojny między nimi
Ale czuję miłość, za którą wszyscy tęsknią

Podejrzewam, że zawsze się kłócą.
Ale czuję chęć bycia z tobą.

Wyczuwam coś z walki o przetrwanie nago.
Ale czuję, że
My, ludzie, zaczęliśmy rozumieć, o co chodzi.

Napisane ok. 1985-1990

## Odnośniki do zdjęć i źródła zdjęć

Niektóre dokumenty są skanowane, a niektóre obrazy są zrzutami ekranu. Są to fotografie, o których mowa w art. 1, 2, 4, 5, 11, 13, 14, 20.

Zdjęcie Pogrzeb demokracji zrobione z Illustraterii Schweizera

Wszystkie pozostałe zdjęcia zostały wykonane przez autora Philippa Federera z wyjątkiem zdjęcia dziadka Otto Federera (własność rodzinna).

Zdjęcie na okładce, które jestem winien Gaby Küng.

FSC
www.fsc.org
MIX
Papier | Fördert
gute Waldnutzung
FSC® C083411

Kolibri 360 GmbH
Ferdinand-Jühlke-Straße 7
99095 Erfurt, Deutschland
produktsicherheit@kolibri360.de

Druck:
CPI Druckdienstleistungen GmbH
im Auftrag der
Kolibri 360 GmbH
Ferdinand-Jühlke-Str. 7
99095 Erfurt